Sophie van der Stap

Morgen bin ich wieder da

Die Suche nach meinem
zweiten Leben

SOPHIE VAN DER STAP

Morgen bin ich wieder da

Die Suche nach meinem zweiten Leben

Aus dem Niederländischen von
Barbara Heller

Droemer

Die niederländische Originalausgabe erschien 2008
unter dem Titel *Een blauwe vlinder zegt gedag*
bei Prometheus, Amsterdam.

Besuchen Sie uns im Internet:
www.droemer.de

Deutsche Erstausgabe Februar 2009

Redaktion: Angela Troni
Umschlaggestaltung: ZERO Werbeagentur, München
Umschlagabbildungen: Hein van Maasdijk
Satz: Adobe InDesign im Verlag
Druck und Bindung: CPI – Ebner & Spiegel, Ulm
Printed in Germany
ISBN 978-3-426-27501-6

2 4 5 3 1

Für Chantal
10. November 1971 – 12. April 2007

There is an old belief,
That on some solemn shore,
Beyond the sphere of grief
Dear friends shall meet once more.
Beyond the sphere of Time and Sin
And Fate's control,
Serene in changeless prime
Of body and of soul.
That creed I fain would keep
That hope I'll ne'er forgo,
Eternal be the sleep,
If not to waken so.

J. G. Lockhart
(1794–1854)

That Love is all there is, is all we know of Love …

Emily Dickinson

27. März 2007. Eigentlich nur ein Datum, und doch so viel mehr. An diesem Tag bin ich von zu Hause weggefahren. Die schmerzhaften Erinnerungen folgten zu schnell aufeinander, als dass ich sie hätte abschütteln können. Nicht einmal für einen Tag, eine Minute, einen Augenblick. Ich machte einen Umweg über Deutschland nach Spanien, aber bald zeigte sich, dass Spanien nicht groß und weit genug war. Die Kilometer spulten sich schnell ab, fast so schnell wie meine Gedanken. In meinem Kopf drängten sich die Worte, im Rückspiegel die Lkws, aber die Straße vor mir war leer. Und vor allem: frei.

240638 zeigte der Kilometerzähler an, doch nur die letzten 638 waren von mir. Ich fuhr aus Amsterdam weg, weg von allem, was mein Leben beherrschte und bestimmte, hin zu einem neuen, leeren Tag. Einem Tag, so dachte ich, der nur in Spanien auszufüllen war. Aber Einsamkeit kann man leider nicht ausfüllen, das weiß ich inzwischen. Es war vielmehr die Einsamkeit, die mich ausfüllte.

Das Leben bedeutete mir mehr als ich dem Leben. Den vorausgegangenen Rollentausch musste ich machtlos zulassen, und ich driftete immer weiter von meinem eigenen Spielfeld ab in Richtung Seitenauslinie. Vielleicht war es ja schon immer so. Vielleicht ist es einfach so. Vielleicht hat mein Machbarkeitsglaube mehr von einem Traum als vom

Wachzustand. Ich weiß es nicht. Wie auch immer: Mein Unglaube an Grenzen nagte wie besessen an meinem Glauben an Möglichkeiten. Die Erkenntnis, dass das Leben aus mehr Zufällen besteht, als ich je hatte wahrhaben wollen, kroch wie eine Nacktschnecke in mich hinein. Es herrschte Krieg in meiner Philosophie, und den Konflikt musste ich selbst lösen.

Einerseits folgte ich den Pfaden eines Traums, andererseits entfernte ich mich aus einem früheren Traum, den ich von meiner Zukunft abkoppeln musste. Mit Chantals Sterben und dem Schrumpfen meines Herzens wurde die kalte Decke, die sich um mich gelegt hatte, immer erstickender. Wenn die Wirklichkeit sich verschiebt, dann verschieben sich unsere Erwartungen mit. Meine Erwartungen passten sich unmerklich den neuen Pflastersteinen an, die ich an einem windigen Januarmorgen vor zwei Jahren zum ersten Mal betrat. An jenem Morgen wurde alles anders. Es ist schwer nachzuvollziehen, was mit einem sehr jungen Menschen passiert, wenn der Weg vor ihm aufhört zu existieren. Du kannst nicht mehr träumen, und du wagst nicht mehr zu träumen, ohne den Schmerz der Einsamkeit zu spüren, die nicht auszufüllen ist. Du bist krank und wirst vielleicht noch im selben Jahr sterben. Die Aktivitäten am Wegrand kommen plötzlich zum Stillstand.

Bis zu dieser befristeten Atempause hätte ich mir nie vorstellen können, dass ich jemals noch das Leben führen würde, das ich heute führe, denn eines Tages erblickte ich im Spiegel nicht nur mich selbst, sondern auch meine eigene Sterblichkeit. Damals wusste ich noch nicht, dass der ungebetene Gast neben mir mein Spiegelbild besser wie-

dergab, als es je irgendein Spiegel getan hatte. Und ich wusste noch nicht, dass sich in diesem Bild eine Schriftstellerin verbarg, oder eine Frau, die in den Armen eines Tangotänzers zum Leben erwacht. Man muss nur lange genug hinsehen – irgendetwas zerbricht immer. Ein Stück Unbefangenheit oder vielleicht ein weiteres Stück Romantik.
Seit jenem Tag im Januar, als ich dem Tod die Hand reichte, ist mein Leben zu einer Aneinanderreihung von Augenblicken geworden. Ich reise von Moment zu Moment, ohne mich irgendwo niederzulassen. Das Phänomen Zeit sieht ganz anders aus als vorher, als ich noch langfristige Pläne hatte. Zeit ist kein Brunnen mehr, so tief, dass man nicht auf den Grund sehen kann. Einen Grund, den nicht einmal die Sonne erreicht. Da ist bloß noch eine Pfütze, die von Tag zu Tag kleiner wird.
Ich musste mich nicht nur von der Zukunft abkoppeln, sondern auch von der Vergangenheit, in der ich so hochfliegende Träume gehabt hatte. Erst als ich alles losließ, gelang es mir, mich an das zu klammern, was ich zu tun hatte: überleben. Ich schöpfte Glück aus dem, was ich hatte, und Gleichmut aus dem, was ich nicht hatte. Gleichmut führt zu neuen Träumen und Türen.
Der Spiegel erschien mir leer, so ganz ohne die Jungmädchenträume von gestern und die wohldurchdachten Pläne von morgen, die bei allem, was ich tat, wie heißes Wachs an mir klebten. Aber seltsamerweise wirkte das auch sehr befreiend. Ohne Erwartungen ist alles leichter und sogar schöner. Wie sich zeigte, lagen meine Träume viel näher, als ich je geglaubt hätte. Das Paradoxe an alldem ist, dass das Nichts des Todes mich dem Quell des Lebens so nahe

brachte. Vom Geborenwerden in einem Netz von Vorschriften und Etiketten hin zum Menschwerden, wie ich mir vorstelle, dass der Mensch gedacht ist: universell und frei.

An jenem 27. März, als mich schon der Aprilwind vorwärtstrieb, befand ich mich an einem Scheideweg zwischen zwei Welten. Links lag die Welt, die von unserem Dasein bestimmt wird, rechts jene, die von unserem Tod bestimmt wird. Ich stehe noch immer dazwischen, springe zwischen den beiden Erdkugeln hin und her und korrigiere beständig meine Definition von Leben und Zeit, begleitet von der stets präsenten schmerzhaften Ironie des Lebens: dass wir erst dann wissen, was Leben ist, wenn wir ein Stück davon verloren haben. So wie ein Mensch, der uns nahesteht, einen Teil von uns mitnimmt in jene andere Welt, für die wir noch keine gültige Eintrittskarte haben. Oder als säßen wir selbst ganz vorn in dem Klassenzimmer, in dem die besten Schüler in der ersten Reihe aufs Sterben warten. In diesem Raum lernen wir leben, und erst wenn wir wissen, wie das geht, können wir alles loslassen, was nötig ist, um schließlich allein zu sterben.

Mein Leben hat sich um hundertachtzig Grad gedreht. Es gleicht in nichts mehr dem Leben, das ich vor zwei Jahren in aller Zufriedenheit geführt habe. Eine ganze Menge ist geschehen, und die Erinnerungen an die Ereignisse sind mir zu viel. Sie verdrängen alles andere aus meinem Kopf. Wie eine Mauer stehen sie zwischen mir und meinem damaligen Leben. Selbst zwischen mir und der immer wieder erwachenden Straße unter mir. Die Müllmänner mit ihren unverrückbaren Arbeitszeiten, die Fensterputzer auf der anderen Straßenseite, der Bäcker schräg gegenüber, täglich ab sechs geöffnet. Ich fühle mich isoliert, weit weg von diesen Banalitäten, die ich durchs Fenster, aus der Entfernung, täglich sehe.

Wenn ich auf jenen Tag zurückblicke, weiß ich, dass es nach allen Abzweigungen, die ich ausprobiert habe, im Grunde nur in eine Richtung weitergeht. Ich kann nicht zurück in das Leben, dem ich mein Leben lang Gestalt gegeben habe, und sich daran zu klammern macht das Loslassen nur schwerer. Ich kann nur vorwärts. Ich muss weiter, auf einem neuen Weg, einem Weg, an dem die Raststätten noch unverschmutzt und die Bahnhöfe leer sind. Ich habe vergeblich dagegen angekämpft, habe versucht, an Gewohntem festzuhalten, und bin dabei keinen Schritt weitergekommen. All der Stillstand weist letztlich in eine Richtung: nach rechts. Oder ich schaukle mit auf den Wellen der Veränderung, versuche mir die Veränderung zu eigen zu machen. Rückwärts oder vorwärts.

Ich blickte auf die leere Straße vor mir und trat das Gaspedal noch weiter durch. *It is a wide open road.*

Dem Navigationsgerät zufolge hatte ich noch 264 Kilometer vor mir. Mein erstes Ziel war Heidelberg, denn dort lag Chantal im Sterben, und Menschen, die sterben, stehen nun mal ganz oben auf der Liste. Erst recht, wenn sie Chantal Smithuis heißen. Es war halb acht Uhr abends, als ich Heidelberg erreichte. Das Navi wusste zum Glück, wo ich hinmusste, denn ich selbst wusste es nicht. Nach sehr vielen Linkskurven und ein paar Rechtskurven tauchten rechts die Wörter KRANKENHAUS ST. VINCENTIUS auf, in weißen Neonbuchstaben an der Fassade eines für eine Klinik ungewöhnlich schönen Gebäudes. Ich schaute unwillkürlich zu den Fenstern hinauf, die meiner Freundin einen herrlichen Blick über den Fluss bescherten. Zehn Minuten später sollte ich mit allen Sinnen erfahren, dass Chantal sich, mehr als irgendjemand sonst, am Grün und Rosa einiger Häuser am anderen Ufer erfreute, an den roten Streifen ihrer Bettwäsche, den Käsebroten und vor allem an dem Moment um sechs Uhr, wenn es Zeit war für ein warmes Bad mit Rosenblättern, dem Höhepunkt ihres Tages. Sie war von den Zehen bis zur Brust gelähmt, außerdem kahl und nicht mehr wiederzuerkennen. Das kam von den Medikamenten, die ihr rund um die Uhr eingeflößt wurden. Sie war gefangen in einem Körper, der nicht mehr der ihre war.

Während sich der Himmel erst grau, dann blau und schließlich rosa färbte, dachte ich an unsere Freundschaft zurück. Es war eine Freundschaft weniger Tage, aber vieler Momente. Momente, in denen es um Dinge ging, die wir schon getan hatten, und um Dinge, die wir noch tun sollten. Unsere erste Begegnung vor anderthalb Jahren, bei der ich eine Gänsehaut bekommen hatte; drei Stunden, die wie drei Minuten verflogen. Wir teilten miteinander eine Welt, die niemand sonst mit uns teilen konnte. Ob wir nun auf dem Albert-Cuyp-Markt Muscheln kauften oder zusammen ins Krankenhaus gingen, um wieder einen Befund zu erhalten, der unser Leben bestimmen sollte, ein Leben, das in Chantals Fall zum Stillstand gekommen ist.

Wir wussten, was es heißt, als junge Frau Krebspatientin zu sein, zusammen auf einem leeren Bahnsteig zu stehen, weil wir als Einzige den Zug verpasst hatten. Da standen wir still in einem Leben, das vierundzwanzig Stunden am Tag an uns vorbeirauschte. Während wir auf den Zug warteten und in einer Zeitschrift mit retuschierten weißen Zähnen auf der Titelseite blätterten, entdeckten wir die Welt des Todes, während um uns herum alle damit beschäftigt waren, das Leben zu entdecken. Dennoch ging dieses Leben auch für uns weiter, zwangsläufig. Es hatte sich nur ein Loch aufgetan an der Stelle, an der vor noch gar nicht langer Zeit unsere Träume den Kurs bestimmt hatten. Beim nächsten Befund blieb Chantal allein zurück. Ich erwischte den Zug buchstäblich in letzter Sekunde. Sie hatte ihn wieder verpasst. Chantal war diejenige, die allein auf dem leeren Bahnsteig zurückblieb.

Der Landrover kroch im ersten Gang vorsichtig in die Einfahrt der Tiefgarage. Ein ungeheures Piepen ertönte. Auf einer deutschen Autobahn mag ich mich ja wie ein kleiner Michael Schumacher fühlen, in einer deutschen Tiefgarage bin ich nichts weiter als eine Frau am Steuer. Erleichtert lenkte ich den Wagen auf einen freien Stellplatz, eigens für Frauen reserviert in diesem frauenfreundlichen – oder auch frauenfeindlichen, je nachdem, aus welcher feministischen Perspektive man es betrachtet – Parkhaus und horchte auf seinen letzten Seufzer. Der erste Tag des Wegseins war fast zu Ende. Und der erste ist immer der schwierigste.

*

Es muss kurz nach acht gewesen sein, als ich die Tiefgarage verließ und merkte, dass ich schon am Leib meiner Freundin vorbeigefahren war. Ich sage bewusst »Leib«, denn wie viel von der Chantal, die ich kannte, schlief dort oben noch? Wie eng waren wir noch verbunden? Je tiefer sie fiel in den dunklen, tiefen Schacht, der Tod heißt, desto weiter fühlte ich mich von ihr entfernt. Ich war ja gerade mit dem Aufstieg Richtung Everest befasst. Doch es war nicht so sehr die Entfernung, die uns trennte, sondern das immer verwirrendere Grübeln über unser Leben und die Momente, die uns blieben. Chantal saß ganz vorn im Klassenzimmer, auf dem besten Wege, in ihrer letzten Prüfung eine Eins zu bekommen. Verdammt noch mal, Krebs, da bist du wieder.

»Chan?«, flüsterte ich durch den Türspalt.
»Sophietje!«
»Ach, Süße, da liegst du nun.«
»Ja, da liege ich nun. War viel Verkehr?« So war Chan: immer um andere besorgt.

Ich sprach zu Chantal, aber ich sah auf einen Körper, den ich noch nie gesehen hatte. Es war unser aller Körper in dem Augenblick, da der Tod uns näher ist als das Leben und uns vielleicht deshalb mehr Ruhe schenkt, als das Leben noch zu bieten hat. Chantal war blasser als früher, die blauen Adern zogen eine tödliche Spur über ihre Arme und Beine, sie machten die Haut stumpf und hart und endeten in einem Gemälde aus blauen Flecken. Als wären es die Adern, durch die das Leben aus ihr floss, in eine andere

Welt. *Gruselig, was, dass ich da auch bald liege.* Ihre Worte – gesprochen vor weniger als einem Jahr, als wir an der Leichenhalle des Antoni-van-Leeuwenhoek-Krankenhauses vorbeikamen – gingen mir wie ein Mantra im Kopf herum. Da lag sie nun, auf ihrer letzten Matratze.

Bei einem Menschen, der im Sterben liegt, braucht man nicht ins Detail zu gehen, um die Dinge zu erklären, wie sie sind. Wie kein anderer weiß er, was Sache ist, und vielleicht kann diese Hellsichtigkeit selbst jetzt noch ein Geschenk genannt werden. Jedes Wort – und es sind nicht eben wenige, aber auch gewiss nicht viele – ist wohlüberlegt, wohlerwogen und ernst gemeint. Ich weiß nicht, warum mich diese Klarheit an einen stillen See denken ließ, dessen Wellen sacht ans Ufer plätschern; so klar, so ruhig und irgendwo, tief unter der Oberfläche, so zufrieden.

Chantal sorgte sich um meine Nachtruhe, um meinen knurrenden Magen und die Leere in meinem übervollen Herzen. Ich solle stets meinem Herzen folgen, sagte sie, ich solle zu jeder Zeit einen Gürtel tragen, aber einen passenden, einen in der Farbe meiner Schuhe, und ich solle mich nach dem Stuhlgang mit feuchtem Toilettenpapier abwischen. Nie zuvor haben Worte die Dinge derart auf den Punkt gebracht. Sie übertrafen in einer Sekunde alle Höhepunkte des amerikanischen Kinos.

An meinem ersten Vormittag im farbenprächtigen Heidelberg kam ich auf der Suche nach einem Gürtel an einem unscheinbaren kleinen, mit chinesischen Lebensmitteln vollgestopften Laden vorbei. Als ich hineinwollte, half die Verkäuferin gerade einer Kundin mit einem Kinderwagen aus der Tür. Drinnen sah ich nichts, was meine Fantasie angeregt hätte, aber vielleicht war sie im Moment auch nicht anzuregen. Beim Bezahlen steckte mir die Frau einen Glückskeks zu. Sprüche und Weisheiten. Willkommene Unterbrechung eines drögen Gesprächs, aber unerwünschte Spannungskurve an Tagen, an denen die Emotionen über die Vernunft siegen. Ich hatte keinen Bedarf an weiteren Gedanken, daher steckte ich das silberne Päckchen ungeöffnet neben die Wasserflasche in meinen Korb und ging weiter in die Stadt. Bei jedem Schritt dachte ich an Chantal, die tags zuvor noch gescherzt hatte, sie stehe schon morgens um halb fünf neben ihrem Bett, weil sie so wenig schlafe.

»Na ja, sozusagen«, fügte sie nach einer kurzen Pause hinzu. Stehen, sitzen, sich bewegen, das konnte sie schon seit drei Wochen nicht mehr. Geschweige denn etwas spüren. Nein, sie lag wie ein neugeborenes Kind im Bett, mit dem großen Unterschied, dass sie den Verstand einer Frau von fünfunddreißig und wahrscheinlich noch viel mehr Jahren hatte.

»Ich bin wieder wie ein Baby. Ich mache in die Windeln, ich werde gefüttert und gewaschen. Schrecklich. Dabei bin ich gewöhnt, mich um alles selbst zu kümmern, so sehr, dass es schon fast neurotische Züge annimmt.«

Zurück bei Mama, so nannte sie es auch. Und aus diesen Worten sprach nichts als Liebe. Glück sogar. Das lernt man, wenn man stirbt: liebhaben in seiner reinsten Form. Man lernt, Unwichtiges zu erkennen und sich auf das Wesentliche zu konzentrieren. Nicht aus Lernbegierde, sondern aus der Notwendigkeit zu überleben. Man selektiert, jeden Tag ein bisschen mehr, bis nur noch vier Menschen am

Bett stehen. Aber für Chantal war der Weg weitaus länger. Sie musste nicht bloß selektieren, sondern auch loslassen und abkoppeln. War es anfangs ums Überleben gegangen, so ging es jetzt um ein *Sichfügen.* Sie musste sich lösen von dem, was sie am dringendsten zum Überleben brauchte: von ihrer Hoffnung und von ihrer Mutter.

Sie weinte und klagte nicht, zumindest nicht in meinem Beisein. Doch als sie vom Zusammensein mit ihrer Mutter erzählte, so wie sie es seit einigen Monaten Tag für Tag erlebte, da rannen die Tränen aufs Kissen, ehe sie und ich es uns versahen. Tränen der Liebe, der Trauer und des Glücks beim Gedanken an ihre Mutter. Diese Liebe spürte sie genauso, wenn sie allein war, vielleicht sogar noch intensiver. Auch ihre Mutter kam besser mit ihrem Kummer zurecht, wenn sie allein und nicht bei ihren Lieben war.

Dass in diesen intimen Minuten ausgerechnet ich an Chantals Bett stand und nicht eine ihrer besten Freundinnen, ist eine Tatsache, deren Warum wir beide deutlich spürten, aber nicht verstanden. War es, weil wir einander aus der sicheren Entfernung unserer Beziehung, in der dic Wahrheit einen nicht so hart trifft, ganz nahe kommen konnten? War ich jemand, mit dem sie über alles sprechen konnte, über all ihre Ängste, all ihren Schmerz – ohne den Schmerz des anderen spüren zu müssen? War es, weil sie sich in ihrer Lage lieber an jemanden wandte, der diesen Teil ihrer Geschichte verstehen konnte? Wenn auch stets mehr als Zuschauerin denn als Verwandte? War es, weil ich ihre Hoffnung auf ein anderes Leben verkörperte, ein Leben auf Papier?

Letztlich traf alles zu, und es war alles gleich wichtig, aber es war auch eine heikle Rolle für mich. Zum Glück wurde sie mit jedem Augenblick entschärft. Und Augenblicke gibt es sehr viele, wenn die Tage gezählt sind. Manchmal verstrichen lange Minuten, in denen wir uns stillschweigend dieser geradezu schreienden Intimität bewusst waren. Mal waren es Scherze, mal Fragen, die wir uns immer wieder stellten. Nur manchmal ging es um etwas anderes, und beim Mittagessen ergab sich sogar ein angeregtes Gespräch. Allerdings nur kurz. Man kann ein klagendes Herz vorübergehend ignorieren, aber niemals ausschalten. Und klagen, das tat es. Bei uns beiden.

Als ich am Nachmittag ins Hotel zurückging, das nur dreihundert Meter von Chantals Klinik entfernt lag, kam ich an einem Thai-Restaurant vorbei. Ein köstlicher Duft nach Kokosmilch und grünem Curry stieg mir in die Nase, also trat ich ein. Drinnen stand ein Mann und telefonierte, etwas zu laut, doch mit einer Stimme, die mich unerwartet fröhlich machte. Er las eine Telefonnummer von einem Kärtchen ab, das er in der Hand hielt. Ich konnte es nicht lassen, ein paar Zahlen einzuwerfen.

»Fast richtig«, sagte er lachend, als er auflegte. Sein Lachen wirkte ansteckend. Sieh an, bis zu diesem Moment hatte ich gar nicht gewusst, dass es in Deutschland so viel zu lachen gab. Sein Handy klingelte erneut.

»Ja, hallo, hier George Michael.« Wieder musste ich lachen. Ich freute mich sogar schon auf das, was er als Nächstes sagen würde. Die Verkäuferin packte seine Currys mit meiner Suppe ein.

»Zusammen, nicht?«

»Noch nicht«, antwortete er, »aber vielleicht heute Abend.«
Wieder ein Volltreffer.
Zurück im Hotel, plagten mich Stiche wie Hunderte kleiner Nadeln tief drinnen in meinem Körper. Stiche, die mich an meine eigene Krankenhausvergangenheit erinnerten, aber vor allem an meine Verbundenheit mit dem Körper, der ein paar hundert Meter weiter rasend schnell starb, von unten nach oben – kein Gefühl, keine Bewegung, nichts. Tot bis in die Brust.
Am Abend aß ich zum zweiten Mal hintereinander allein, am selben Tisch, an dem ich tags zuvor meinen ersten deutschen Happen hinuntergeschluckt und an diesem Morgen meinen ersten schwarzen Kaffee getrunken hatte. Das bisschen Gewohnheit, die diese Wiederholung mit sich brachte, kam mir wie ein kurzer, aber warmer Luftstrom entgegen. Ich hatte den kleinen Tisch an der Wand gewählt: einer Wand zum Anlehnen. Als ich in meiner Tasche nach Notizbuch und Stift kramte, stieß ich auf den Glückskeks aus dem chinesischen Laden. Vorsichtig wickelte ich ihn aus dem Silberpapier und brach ihn mit voller Konzentration behutsam auf. *Our destiny is to merge with infinity.* Wie passend. Mit diesen Worten schlief ich um kurz nach neun ein. Der Druck der Emotionen ließ mich zehn Stunden lang in einem traumlosen Schlaf versinken.

Chantal war hart in all der Zeit, in der wir miteinander zu tun hatten. Sie war hart genug, um mit ihrem Todesurteil umzugehen. Ihr Stewardessenkostüm tauschte sie gegen Arbeitslosengeld ein, ihre Freunde wurden immer weniger und blieben schließlich ganz weg. Das kann man ihnen nicht verübeln, so geht das nun einmal. Chantals dichtes blondes Haar wuchs kurz und dunkel nach. Ihre breiten Schultern, ihre prächtigen vollen Brüste, ihre Taille und ihre Hüften, wie mit einem weichen Pinsel gezeichnet. Ihre stets gepflegten roten Zehennägel. Dazu dieses *million dollar smile,* das niemand unbeachtet ließ. Aus ihrem Schnellzugfenster sah sie, wie sich das alles unerbittlich veränderte. Ihre Krankheit nahm sie mit aller Hässlichkeit ein. Der aufgeschwemmte Bauch, die erschlafften Muskeln und schließlich die aufgedunsenen Wangen, die sie am weitesten von der bildschönen Frau entfernten, die sie einmal gewesen war. An dieser Einsamkeit führte auch für sie kein Weg vorbei. Vielleicht spürte Chantal sie am stärksten, wenn sie an den Schimmel dachte, der nun nicht mehr angaloppiert kommen würde. Chantal wusste, dass sie sterben würde, ohne ihr Jawort gegeben zu haben, ohne Kinder in die Welt gesetzt zu haben, ohne davongaloppiert zu sein, in die Ehe.

31. März 2007. Es ist still und leer in der Tiefgarage, als ich dort ankomme. Ein Glück, dann lässt es sich besser ausparken. Ich fühle mich wohl und sicher in dem Landrover, mit meinen Sachen auf dem Rücksitz, der mittlerweile als improvisierte Wäscheleine dient. Die Unruhe des Weggehens ist der Ruhe des Wegseins gewichen. Fünf Tage ist es inzwischen her, dass ich zu Hause losgefahren bin und dabei einen riesigen Abfallbehälter auf dem Halfords-Parkplatz gerammt habe. Schnell weiterfahren schien mir in dem Moment – mit bereits zwei Strafzetteln in der Tasche – das Beste, was ich tun konnte. Frauen am …

Vor fünf Tagen bin ich auch von Chantal weggefahren, und meine Gedanken haben sich mit der Landschaft verändert. Das Navi führt mich noch einmal an Chantal vorbei, dann bin ich auf der Autobahn Richtung Frankreich. Mein Ziel: St. Jean des Vignes, fünfzehn Kilometer nördlich von Lyon. Ein *chambre d'hôtel,* ein einzelnes Zimmer, ein einzelner Hügel, ein einzelner Baum, eine einzelne Kirche und eine einzelne französische Landstraße. Einfachheit ist das Einzige, wonach ich mich jetzt sehne.
Ich denke an Chantal, von der ich am Morgen Abschied genommen habe. Im Grunde ist sie damit für mich schon ein bisschen gestorben. Scheintot nennt man das, glaube ich. Und ich denke an Timo, den Mann, den ich liebe, dem aber Liebe nicht genug zu sein scheint.
In *Die Hexe von Portobello* schreibt Paulo Coelho, dass Menschen, die ihre eigene kleine Welt verlassen, dazu neigen, abenteuerlustiger zu werden, dass sie dadurch ihre Hemmungen verlieren und ihre Vorurteile leichter aufgeben. Schön hippiemäßig klingt das, und ich mag es schön hippiemäßig, aber so langsam frage ich mich, ob ein Satz Vorurteile und abgegriffene Normen das Leben nicht sehr viel einfacher machen. Allen voran die Norm, dass man von verheirateten Männern, bei denen zufällig noch die Ehefrau im Gästezimmer liegt, die Finger lassen soll. Ich frage mich auch, woher all meine exotischen Träume und unmöglichen Verliebtheiten kommen, wo ich mich doch im Grunde meines Herzens wie jedes andere Mädchen nach einem Banker als Freund sehne.

Timo und ich haben uns vor sieben Monaten, die mir wie sieben Jahre vorkommen, kennengelernt. Beunruhigend, was die Zeit manchmal mit uns macht. Nach neun Jahren, die überwiegend von Pizzaromantik geprägt waren und gelegentlicher guter Hausmannskost, lavierte ich zwischen Überraschungen und Enttäuschungen, die eines gemeinsam hatten: Beide dauerten nie lange. Alles in allem ergab das einen wirren Haufen Verliebtheiten, der mir gar nicht schnell genug mit dem wahren Kuss weggefegt werden konnte.
Der Kuss kam mit Timo. Per SMS. Ob eines der neun Mädchen frei sei und in sein Büro kommen könne, fragte er. Mehr nicht.
Ich verstand kaum etwas, aber das hinderte mich nicht, seine Tür zu öffnen. Außerdem war es, wie ich fand, ein wunderbarer Anfang von etwas, das ich später Kaviarromantik nennen sollte. Ich habe das Souvenir noch. Ein blaues Döschen mit einem Fisch und einer persischen Aufschrift, für das manche Leute viel Geld bezahlen. Mir persönlich sind Muscheln lieber. Aber gut, es wurde Kaviar. Die Romantik unter der Romantik sozusagen.
Ich beschloss also, in sein Büro zu gehen, und stand kurz darauf zum ersten Mal auf der kleinen Distelwegfähre nach Amsterdam-Nord. Die Gegend gehört seit Jahren nicht mehr zum Poldergebiet, aber ich fühle mich dort immer noch ein bisschen wie in den Ferien. Wie auf der Autobahn in Deutschland verliere ich in Amsterdam-Nord schnell die Orientierung. Ob ich mich schon in Bewegung gesetzt hätte, fragte er mich auf der Fähre per SMS. Ich wollte schon eine freche Antwort zurückschicken, über-

legte es mir dann aber noch einmal, denn ich wusste ja nicht, was mich erwartete: ein Mann mit Midlife-Crisis oder ein Rockstar. Oder beides.
Ich klingelte, oder vielleicht war die Haustür auch offen – ich weiß es nicht mehr. Wahrscheinlich Ersteres, denn ich wusste ja kaum, wie das Büro hieß und was sie dort überhaupt machten. Entwürfe, wie sich herausstellte. Überall hingen Zeichnungen von Gebäuden und großen Konstruktionen. Auch ein Architekturmodell stand da, und mitten im Raum lag ein Ruderboot mit ein paar Sachen darin. Es war offensichtlich ein Architekturbüro. Eine Menge Zeichner saßen und standen herum, so um die fünfzehn. Alle sahen auf, wie man es eben zu tun pflegt, wenn ein neues Püppchen hereinkommt. Eine freundliche, etwas mollige Frau, offenbar die Sekretärin, hob den Kopf.
»Guten Morgen, bist du Sophie?«
»Ja.«
»Hast du gut hergefunden?«
»Klar.« Das war gelogen, aber sich in Amsterdam-Nord zu verlaufen fand ich unpassend für eine Frau von Welt. Und ich gebe mich gern als Frau von Welt.
»Schön, Timo erwartet dich schon.«
Sie schickte mich in den hinteren Teil des Raumes. Oder den vorderen, je nach der Perspektive des Betrachters. Ich ließ den Blick durch den Raum schweifen und schaute dann genauer hin, so weit ich sehen konnte. Die Fenster gingen auf den IJ hinaus, ein umwerfender Blick für jemanden, der zum ersten Mal mit der Distelwegfähre übergesetzt hat. Schließlich blieben meine Augen irgendwo zwischen einem Cordanzug und Schnürstiefeln hängen:

der Mann, um den es ging. Der Typ zog mich gewaltig an. Vielmehr der Typ Rockstar.
Seine Haare hingen in ungepflegten langen Strähnen herab. Das fiel mir jedenfalls als Erstes auf. Statt sich den Haarschnitt eines Mannes anzusehen, achtet man viel zu sehr auf die Augen, die Größe, die Kleidung, die Schuhe. Alles ebenfalls ungeheuer wichtig, aber die Haare, die sind das Wichtigste. Timos Haarfarbe liegt irgendwo zwischen blond und grau. Das finde ich wunderschön: so eine gestufte Frisur in mehreren Blond- und Grautönen, die bei jedem Licht anders schimmern. Aber rückblickend hätte ich ihm wohl doch etwas länger in die Augen schauen sollen, denn darin lagen schon damals die erdrückenden Zweifel verborgen.
Ich ging also auf ihn zu, und ich muss sagen, er strahlte. Jedenfalls lachte er übers ganze Gesicht. Ich allerdings auch. Denn es war eine lustige und spannende Situation. Dass er schon damals von mir angetan war, merkte ich sofort, schenkte dem jedoch keine besondere Beachtung. Männer sind schnell von einer jungen Frau begeistert, die ein Buch geschrieben hat.
Das Gespräch war auch nett, vor allem weil es dabei nur am Rande ums Geschäft ging. Er schnitt es zwar an, aber bald war klar, dass ich nicht meiner beruflichen Fähigkeiten wegen hier saß. Sehr vernünftig von ihm im Übrigen. Trotzdem bekam alles, was wir besprachen, ein geschäftliches Deckmäntelchen umgehängt, schließlich musste eine Motivation dafür erkennbar sein, dass wir in seinem Büro hemmungslos flirteten.
Als ich zwei Stunden später wieder ging, war ich mehr als

froh. Es fiel mir auf, weil ich am Morgen alles andere als froh aufgewacht war. So geht es mir öfter, ohne dass ich den Grund dafür benennen könnte – ziemlich irritierend. Na ja, für heute war das jedenfalls geklärt. Für die nächsten Tage auch, wie sich zeigte, als ich am Abend eine SMS bekam:

Netter als erwartet

Ja, allerdings. Vor allem weil ich ohne jede Erwartung zu dem Gespräch gegangen war.
Ich sage nicht, dass ich mich auf der Stelle in ihn verliebt hatte, aber es war auf der Stelle um mich geschehen. Oder ist das jetzt kompletter Blödsinn? Irgendwie war mir klar, dass ich diesen etwas abgehalfterten Rockstar näher kennenlernen musste. Und dass ich ihn mehr als lieb haben wollte, wusste ich schon, bevor wir uns die Hand gaben. Sie kam also sehr gelegen, diese SMS. Ich nahm mein Handy und drückte auf Neue Nachricht.

Spannender als erwartet

Senden. Ich hoffte, in seinen Armen wiederzufinden, was ich im Krankenhaus verloren hatte: meine Träume. Von dem Tag an, als ich Timo kennenlernte, habe ich sie alle um ihn herumgeflochten, ohne wahrhaben zu wollen, dass er dieses Märchen auch noch mit jemand anderem erlebte, der noch längst nicht von der Bildfläche verschwunden war. Ein Zuhause, die Kinder – das ganze Drum und Dran, bis hin zu dem Baum im Garten hinterm Haus.

Waren die Schuhe genehm?

Er hatte seine Hausaufgaben gemacht. Fußnote: Siehe *Heute bin ich blond,* Seite 10.

Genehm

Wir waren verliebt. Frisch verliebt. Schrecklich verliebt. Schön verliebt. Wahnsinnig verliebt. Dass er bei mir, in der kleinen Wohnung einer Dreiundzwanzigjährigen im Jordaan, wach wurde und ich bei ihm, in einem Palast in Nordholland, unterstrich jeden Morgen aufs Neue die Trennlinie zwischen unseren Welten, die wir jedoch beide mit dem, was schön war an diesen Welten, beiseiteschoben. Ich schreibe in der Vergangenheit, weil der Fortbestand dieser Morgenstunden heute an einem seidenen Faden hängt. Auch deshalb, weil ich mit seinem Wagen weggefahren bin, ohne ihm zu sagen, wann ich zurückkomme – ich weiß es einfach noch nicht –, aber vor allem, weil er nicht weiß, was er will. Während sein Tag vom Terminkalender seiner Sekretärin und von den Fußballterminen seiner Söhne bestimmt wird, ist meiner gefärbt vom Kommen und Gehen einzelner Momente. Er hat den Terminkalender, ich habe die Zeit. Timo steht samstagabends johlend am Spielfeldrand, ich flattere wie ein Schmetterling ein bisschen in einem Wirrwarr von Abenteuern hin und her, deren Anfang und Ende ich noch nicht kenne.
Diese Abenteuer haben einst auf einem Betonmäuerchen begonnen, mit einem Bier in der Hand, weil ich dachte, die Bierflasche, zusammen mit den Sternen und der Som-

merhitze des Jahres 1997, gehöre einfach dazu. Zur Pizzaromantik, meine ich. Meine Vorstellung von Liebe reichte gerade mal bis »Beverly Hills 90210« und den griechischen Tragödien, die wir in der Schule durchnahmen. Ziemlich wirr also. Wir fuhren mit Emilianos weißer Vespa durch die Gegend, wir schwammen in einsamen Buchten, wir liebten uns in den Wäldern. Für so etwas sind Mädchen nun mal sehr empfänglich. Frauen übrigens auch, so energisch sie es auch bestreiten.

Timo und ich verkörpern meine Überzeugung, dass nicht Grenzen unser Leben bestimmen, sondern die Möglichkeiten, die dahinter liegen. Dieser feste Glaube bedeutet schlichtweg Schwierigkeiten, aus dem einfachen Grund, dass ich die Grenzen nicht sehe, auch dann nicht, wenn sie da sind. Das ist ziemlich beunruhigend, wenn man bedenkt, dass eine dieser Grenzen eine einfache Rechenaufgabe ist, nämlich fünfundvierzig Jahre minus dreiundzwanzig. Wenn das allein nicht Grund genug für eine Notbremsung ist, dann zählt man noch eine Frau und zwei Kinder dazu und kommt zu dem eindeutigen Ergebnis, dass die ganze Sache von Anfang an unter einem schlechten Stern stand. Die beiden lebten allerdings getrennt, muss ich dazusagen. Aber gut, ich war nicht vorausschauend genug. Und bin es noch immer nicht.

Solche Gedanken sind es, die mich unterwegs immer weiter von Chantal fortziehen. Auch in Heidelberg war ich unterwegs, und doch wieder nicht, weil sich ein Teil von mir bei Chantal so sehr zu Hause fühlt. Der einsame Teil, würde ich sagen.

Ich fahre durch den Südwesten Deutschlands nach Frankreich, nicht weit vom Schwarzwald, den Goldmund auf der Reise durch sein Leben durchwandert. Karlsruhe. Straßburg. Mühlhausen. Auf der Fahrt durch Deutschland werden Narziss und Goldmund, ebenso wie Siddhartha und Govinda, die Figuren aus Hermann Hesses Büchern, zusammen mit dem Schwarzwald in meiner Windschutzscheibe so lebendig, dass sie nur noch ein paar Seiten von meinem Kilometerzähler entfernt sind.

Die Reise, die den jungen Brahmanensohn Siddhartha von Meister zu Meister und von Welt zu Welt führt, weil er die Worte anderer zu seiner eigenen Erfahrung machen will, hat mich schon immer fasziniert. Seine Antworten hofft Siddhartha im Extrem zu finden. Bei den Samanas sucht er über einen physischen Leidensweg nach Erlösung von der ewigen Begierde. In den Armen einer Kurtisane sucht er nach der wahren Liebe. Als machtloser Vater sucht er nach Annahme. Zwar findet er alles, aber es ist ihm nicht genug. Seine Fragen ziehen ihn wie an einer unsichtbaren Schnur immer weiter, bis er an einen Fluss gelangt, der ihn lachen lehrt über das, was Leben heißt.

An Fantasie kein Mangel. Ich will ebenfalls wieder lachen können über das, was Leben heißt, doch leider trifft auch dieses Klischee zu: Frauen können keine Straßenkarten lesen.

Ich glühe, als ich mit stotterndem Motor das Dorf erreiche. Wie in einem Hubschrauber schwebe ich über meiner Insel und fliege wieder einen Moment lang mit, in die bewohnte Welt hinein. Nach vier Tagen Sonne in Heidelberg hebt sich der kahle französische Hügel vor dem grauen Himmel fahl gegen die deutsche Touristenstadt ab. Dabei habe ich in Deutschland nur Donner und Blitz gesehen. Heute Morgen bin ich aus der tiefen Ruhe in Zimmer 348 meines Hotels abgereist, aber in der Stille hier gewinnt die Unruhe allmählich die Oberhand. Es ist kalt und dunkel und die Umgebung, abgesehen von einer tönenden Kirchenglocke, einem vorbeifahrenden Traktor und meinem Wirt und seiner Frau, vollkommen verlassen. Das Dorf liegt schön, mein Zimmer für die Nacht noch schöner. Ein Hügel, ein Baum, ein Zimmer mit Aussicht. Stille.

Das nächste Restaurant ist fünf Kilometer, drei Kurven, zwei Kreisverkehre und ein Dorf entfernt. Im Les Marroniers in Lozanne angekommen, finde ich nur eine junge Familie und ein altes Ehepaar vor, und das an einem Samstagabend. Die Ruhe umschließt die ganze Gegend. Ich esse zum fünften Mal hintereinander allein zu Abend. In Deutschland war es meist nicht viel, aber hier, auf französischem Boden, träume ich bei einem geschmorten Stubenküken und einer Karaffe Rotwein vor mich hin, einfach um ein wenig von der Atmosphäre in mich aufzunehmen.

Träumen – eine meiner größten Begabungen. Ein großer Traum von mir wartet in Odessa auf mich, oder besser: auf dem Land- und Seeweg dorthin. Der Titel steht schon in einem Ordner auf meinem Desktop. *Mit Fidessa nach Odessa.*

Es ist ein Traum, den schon meine Mutter geträumt hat, von ihr habe ich nämlich meine romantische Ader. Sie liest gern Geschichten aus vergangenen Zeiten, am liebsten russische. Beim Lesen versinkt sie in ihrer Fantasie, die sich irgendwo zwischen dem Orientexpress und dem Venetien der Fünfzigerjahre, dem Garten Tolstois und dem Bücherregal Dostojewskis bewegt. Im Hafen von Odessa verschmelzen all diese Fantasien miteinander und nehmen die Geschichten mit übers Schwarze Meer. Die Fantasien umflattern meine Mutter wie ein Schmetterling. Das ganze Haus ist voll davon: Antiquitäten, Kuriositäten, ausgestopfte Vögel, blaue Delfter Kacheln, Zeichnungen anderer Lebenskünstler. Odessa, das ist die Magie, die Anziehungskraft eines Traums, der nur in den eigenen Gedanken existieren kann.

Das Bild vor meinem geistigen Auge lässt mich am Strand einer Insel wohnen und jeden Morgen von der salzigen Seeluft geweckt werden. Ich laufe ein Stück, vorbei an einer riesigen Krabbe, die mit den Füßen in der Luft strampelt und um Hilfe bittet. Ich drehe sie um – mit der größten Scheidenmuschel, die ich finden kann, denn die Krabbe ist die größte, die ich je gesehen habe –, laufe nach Hause zurück und schreibe ein Buch darüber. Ich nenne es *Die Krabbe und die Scheidenmuschel* und stelle es aufs Bücherbord, zwischen die Titel *Die Schildkröte, die noch immer nicht angespült wurde* und *Die Möwe, die so dicht über dem Meeresspiegel flog, dass sie mit ihren Flügeln sanfte Wellen aufrührte.*

Der Grund, warum ich schreibe und nicht male, liegt darin, dass es für mich nichts Schöneres gibt, als meiner Umgebung in meinen Worten zu entfliehen und mich in meine eigene Welt zurückzuziehen, in der mein Rhythmus den Tagesablauf bestimmt und nicht umgekehrt (und vielleicht auch darin, dass ich nicht so gut malen kann). In meiner Inselfantasie entwerfe ich mir ein zweites Leben, ich tauche ein in die Menschen und Geschichten und will nicht wieder auftauchen. Ich kann alles sein, wovon ich geträumt habe, kann jede Rolle spielen, die mir gefällt, ich kann sogar die Wirklichkeit hinters Licht führen. Denn auf dem Papier ist das Leben bunter. Unter Menschen, die ich nicht so gut kenne – deren Geheimnisse noch unter meinen ersten Eindrücken verborgen liegen – finde ich es manchmal schwierig, eine andere zu sein als die zurückhaltende Dame, die ich hervorzaubere, indem ich ein elegantes Kleid anziehe, doch auf dem Papier bin ich ein Mensch in allen seinen Aspekten. Und auf Papier währt Ehrlichkeit am längsten. Die Konfrontation mit dem, was andere finden, existiert dort ebenso wenig wie die Scham darüber, was ich finde. Die kommt erst mit den Druckfahnen, aber dann ist es zu spät, denn dann habe ich mich schon festgeschrieben.

Das Bild vor meinem geistigen Auge lässt mich Mutter von tausend Kindern sein und mich in einer alten Villa, an einem Ort wohnen, den ich noch nicht gefunden habe. Oder den es vielleicht nur in meinen Träumen gibt, wie das Odessa meiner Mutter. Ich bin eine perfekte Gastgeberin, auf ewig Mädchen und vor allem Hüterin von Geschichten, die Durchreisende mitgebracht haben. Ich bewahre sie in einem Schmuckkästchen auf, einem von denen, die Musik spielen, wenn man sie aufmacht, mit einer tanzenden Ballerina darin. Das Leben spielt sich um die Küche herum ab, die das ganze Erdgeschoss einnimmt. Wie Josephine Baker werde ich vielerlei Kinder von vielerlei

Herkunft um mich herumtollen lassen und so den friedlichen Regenbogen der Kulturen aufrechterhalten.
Während mich all diese Gedanken der Wirklichkeit entrücken, weiß ich nicht, dass 10914 Kilometer entfernt einer mir unbekannten Frau im selben Augenblick dieselben Gedanken im Kopf herumspuken. Dass diese Frau gebeugt an ihrem Fenster sitzt, auf den Hafen hinausblickt und an die Grauzone zwischen ihrem Leben und der Vorstellung denkt, die sie vor Jahren davon hatte. Sie sitzt dort, jenseits der vierzig, mutterlos und ohne Rente, und fragt sich, ob es nicht an der Zeit ist, ein neues Buch aufzuschlagen: das Buch der Veränderungen.

*

28. März 2007. Am nächsten Tag fanden Chantal und ich im Gespräch heraus, dass es zwei Arten von Glück gibt. Zum einen das Glück eines gekochten Eis, eines schönen Abends oder eines warmen Bettes. Es ist die Art von Glück, die wir gern an unseren Sinnen festmachen und die deshalb kommt und geht, ohne dass wir Einfluss darauf haben. Es überrascht uns. Aber es gibt noch eine andere, eine größere Art von Glück, eine Kraft, die es Chantal auch hier noch – oder gerade hier? – ermöglichte, sich zu freuen. Bei dem Gedanken drückte ich die Finger auf mein Brustbein, und sie blickte abwesend nach oben. Es ist unser Bewusstsein.
In Heidelberg war mein Tag in zwei Welten gespalten: die des Zusammenseins im Krankenhaus und die des Alleinseins in der Stadt. Tagsüber durchlebte ich den Abschied

von meiner Freundin, abends vergrub ich mich in meinen Worten in der Hoffnung, auf dem Papier eine magische Zauberformel zu finden, die die Wirklichkeit erträglicher machen würde. Oder, die ihr sogar eine ganz eigene Wendung geben würde. Ich fasste Chantals Geschichte so in Worte, wie ich sie sah. Jeden Tag suchte mich eine kalte Wolke des Kummers heim, nicht nur beim Öffnen, sondern auch beim Schließen der Tür, die Chantals Welt von der Welt der Menschen um sie herum trennte, trotzdem war ich auch dankbar, bei ihr sein zu dürfen, in einer Rolle, in der Geben und Nehmen einander in nichts nachstanden.

Kummer ist etwas Seltsames. Man kann ihn nicht wie einen Rucksack absetzen und dann in den Dielenschrank stellen. Er ist eher wie ein Hemd, das man nicht ausziehen kann, weil man sich sonst nackt fühlen würde. Oder eigentlich noch stärker: wie ein Fuß oder eine Hand, ein Körperteil, der zu einem gehört und den man überallhin mitnimmt. Dennoch kann man, mit Rucksack und allem, noch lange lachen über das nette, kleine Gespräch beim Thailänder. Oder fröhlich werden von den Scherzen, die Chantal jeden Tag von neuem aus dem Ärmel schüttelt. Das Lachen lässt die Träne nicht verdunsten, und die Träne verbiegt das Lachen nicht. Es ist das Lachen, das sich hinter der Träne versteckt, und die Träne, die sich im Lachen verbirgt.

Es war ein Segen, dass ich mein Herz, das mir zu Hause zur Last geworden war, hier so gut gebrauchen konnte. Chantal sollte wissen, wie viel sie mir damit gab, dass sie mir Zutritt zu ihrem Innersten gewährte. Jeden Tag entfernte ich mich weiter von der Unruhe in meinem Herzen und kam meiner Freundin ein Stück näher, so dass ich meine Rolle immer besser spielen konnte. Chantal war die Geschichte, ich war die Autorin.

»Hast du schon einen Titel?«, fragte sie mich eines Tages. Ich schwieg einen Moment und tastete die Grenzen der Ehrlichkeit ab, die der Tod setzt. Ich hatte schon mehrere Ideen wieder verworfen und die Welt der Fiktion zu erkunden versucht, aber vorläufig hing mein Titel bei *Ich lebe* fest. Hier jedoch, an Chantals Sterbebett, blieb er mir schlichtweg im Hals stecken und verschwand, ohne dass es mir bewusst wurde, still und leise in der Versenkung.

Ich hatte ein Problem damit, der Glückspilz von uns beiden zu sein und meine Freundin zu meinen Füßen elend sterben zu sehen. Weitaus schlimmer war es jedoch, die Hauptperson zu sein, die allein übrig bleiben würde in einer Geschichte, in der das Leben mehr zu erzählen hat als der Tod. Ich wollte nicht mehr der Fokus meines eigenen Lebens sein. Mehr noch: Ich war es nicht mehr. Zumindest nicht hier, auf dieser kleinen Fläche, wo ich völlig absorbiert war von der Geschichte einer anderen.

»Ich hab drüber nachgedacht, aber das ist es noch nicht«, sagte ich. Ich löste den Blick von der Aussicht und wandte mich ihr zu. »*Lebe.*«

»*Lebe*«, wiederholte sie und blickte wieder nach oben, zu ihrer nächsten Station.

»Vielleicht kannst du mit mir zusammen überlegen, denn das ist es noch nicht.«

»Nein, das ist es noch nicht. Ich werde darüber nachdenken.« *Werde.* Ein gruseliges Wort aus dem Mund eines Menschen, der im Sterben liegt.

Während Chantal redete, machte ich mir Notizen. Vorsichtig erzählte ich ihr, dass ich, während sie schlief oder ruhte, schon einiges geschrieben hatte, und fragte sie, ob sie es hören wolle. Das wollte sie unbedingt, so herb es auch sein mochte. So redete ich immer mehr, las vom Bildschirm oder aus meinem Notizbuch vor, und Chantal spann sich immer mehr in ihre eigene Wirklichkeit ein. Sie lachte, weinte, nickte.

Die harten Worte taten ihre Wirkung. Chantals Kopfschmerzen wurden prompt schlimmer, und sie lag kurzatmig und keuchend in den Kissen. Doch sie wollte es so. Der Drang, auf andere, greifbare Weise weiterzuleben, war stärker als der Protest ihrer Organe, das begriff ich nur zu gut. Sie bezog mich in alles ein, bestand darauf, dass ich alles festhielt, in Worten und sogar in Fotos. So ergab es sich, dass wir Aufbau und Idee eines Buches besprachen, dessen Gewicht sich in den Augen Dritter seltsam gegen das Gewicht des Todes abheben würde, weil jedes Wort, das sie sagte, ihr letztes hätte sein können.

»Ich hab mir überlegt, ob ich mehr mit deiner Mutter und deiner Schwester reden sollte, vielleicht auch mit ein paar Freundinnen von dir. Ich kenne dich ja nur mit dem Krebs. Ich kenne dich eigentlich nur als eine Frau, die weiß, dass sie die vierzig nicht mehr erreichen wird.« Ich legte meine Aufzeichnungen einen Moment beiseite. »Das hast du gleich beim ersten Mal gesagt, damals, als wir uns kennengelernt haben: dass du die vierzig nicht mehr erreichen wirst.«

»Ja, ja, tu das. Hast du sie schon gefragt?«
»Nein, ich trau mich nicht so recht.«
»Frag sie einfach. Mam und Zus wollen das bestimmt. Sie wissen ja, wie wichtig es mir ist.«
»Du meinst also, das ist eine gute Idee?«
»Ja.«
Sich nie mehr bewegen können. Nicht im Supermarkt an der Ecke ein Glas Marmelade holen können, nicht in Highheels auf Abenteuertour gehen können. Und auch nicht mit dem Auto am Wochenende ins Blaue fahren. Zum zweiten Mal innerhalb kurzer Zeit wurde mir glasklar bewusst, dass es so etwas wie ein bedauerndes Zurückblicken auf das eigene Tun nicht gibt. Bedauern empfindet man in einem weißen Bett, wenn die Möglichkeiten nicht nach links und rechts weisen, sondern nur nach links oder nach rechts, ohne die Freiheit der Wahl. Man kann es Freiheit oder Verwirrung nennen, oder im Nachhinein »wenn«. Nach links oder nach rechts – ich kenne keinen Weg, der nicht zum Wesentlichen führt. Zum Wesentlichen des Geborenwerdens und Sterbens, so wesentlich wie das Erleben des Lebens.

Chantal ist nicht der einzige Grund, warum ich von zu Hause weg bin. Sie ist der Tropfen, aber nicht das Rinnsal, das mein Fass zum Überlaufen brachte. Ich bin gegangen, weil ich nicht weiß, wie ich mit dem Tempo meines Lebens klarkommen soll. Die Dinge scheinen schon zu Ende, bevor sie überhaupt begonnen haben. Angesichts des anschwellenden Rinnsals vor mir fühle ich mich noch immer nicht wieder zu Hause in dem Brunnen, in dem Banalitäten eine so große Rolle spielen. Bekannte, die aus alter Gewohnheit auf einen Plausch anrufen. Bürokratie in Form von Formularen, Telefonaten, Regelungen, die mir meinen Platz in der Gesellschaft sichern sollen. Das Warten auf den Bus. Endlose Vormittage der Langeweile. All diese Momente erscheinen mir wie verlorene Minuten. Zahllose Minuten, die ich vor zwei Jahren losgeworden zu sein glaubte. Minuten, von denen Chantal nur träumen kann.

Am dritten Nachmittag in Heidelberg fragte mich Chantals Mutter nach meinem Leben in Amsterdam. Ob ich allein wohnte oder mit jemandem zusammen, wollte sie wissen, und ob ich einen Freund hätte. Die Themen, die uns abgesehen von Chantals Situation noch beschäftigten, hatten wir bisher nicht angeschnitten. Vielleicht, weil dafür einfach kein Platz war. Vielleicht, weil es uns nicht passend schien, über andere Dinge zu sprechen. Am Sterbebett wird alles Wichtige relativ.
»Wie man's nimmt«, antwortete ich. »Das ist im Moment etwas schwierig. Seit ein paar Tagen weiß ich es nicht mehr so genau.«
»Oje. Ist es schlimm? Oder eher eine Erleichterung?«
»Ersteres. Die letzten Monate war er kaum da. Er sagt, er braucht Zeit, und es wird immer besser, aber ich frage mich, wie viel Zeit ich ihm noch geben kann, ohne dass ich anfange, an mir selbst zu zweifeln.«
»Er braucht Zeit?«, fragte Kim, Chantals Schwester.
Ich nickte und machte mir klar, dass ich die Geschichte nun nicht mehr für mich behalten konnte. »Er ist verhei-

ratet, und seit ich ihn kenne, ist er dabei, sich von seiner Frau scheiden zu lassen.«

»Verheiratet?«

Ich nickte wieder, wenn auch etwas weniger überzeugt. Empörung schwang in Kims Stimme mit, aber noch mehr Empörung verbarg sich in meinen eigenen Worten. Hier in Heidelberg betrachtete ich die Verliebtheit, deren Gefangene ich im vergangenen Jahr gewesen war, zum ersten Mal aus der Distanz. Dabei siegte die Vernunft über das Gefühl, und alles sah ganz anders aus.

»Ja, verheiratet. Das mit der Scheidung dauert und dauert. Ich dachte die ganze Zeit, es geht nur ums Abwickeln und Abschließen, aber allmählich wird mir immer klarer, was ich bisher einfach nicht wahrhaben wollte. Dass er noch nicht von seiner Frau loskommt und dass er nach der ganzen Zeit mit mir immer noch Zweifel hat.«

Sie sah mich an. Manchmal sagt ein Blick alles, vor allem wenn er aus stechenden eisgrünen Augen kommt. Sie schauten direkt in meine. So starr, dass die Emotion darin deutlich zu lesen war.

»Nichts wie weg, Sophie«, sagte Kim. »Nichts wie weg. Zieh deine bequemsten Turnschuhe an und lauf. Lauf, so schnell du kannst.«

»Er wird's nicht tun«, ergänzte ihre Mutter. »Die Entscheidung musst du treffen. Männer können nun mal nicht allein sein.« Einen Seufzer später fügte sie hinzu: »Armes Kind, verliebt zu sein ist eine Qual.«

Männer dies, Frauen jenes – Dogmen, die ich, da die Frau in mir allmählich an die Stelle des Mädchens tritt, mehr und mehr akzeptieren muss. Sie hängen wie ein dunkler

Regenschirm über meinem flatternden Geist, um mich vor dem Missgriff, den ich getan habe, zu schützen. So beredt ich bin, wenn es um mich selbst geht, so sprachlos bin ich, wenn es um das Verhalten anderer geht. Dadurch bin ich in einem Groschenroman gelandet ohne die leiseste Ahnung, wie ich ihn beenden und wieder auf das Bücherbord stellen soll, unter T wie Timo, zu den ausgelesenen Büchern.

»Nein, im Ernst. Ich würde mir schon mal die Schnürsenkel binden«, sagte Kim.

»Nun sei mal nicht so hart. So was hört man nicht gern.«

In den Worten von Chantals Mutter spürte ich plötzlich die Anteilnahme, die sich in ihr in den vergangenen Tagen aufgebaut haben musste. Sie wärmte mich, an einem Tag, an dem sich alles andere unsagbar kalt anfühlte.

»Was reden wir hier eigentlich? Mit oder ohne Perücke in den Sarg. Dieser dicke Kopf, das bin ja nicht ich. Also, was soll's? Ich setz einfach meine Mütze auf, das finde ich besser. Oder? Was meint ihr?«

Ich war gerade von einem Bummel durch die Heidelberger Hauptstraße zurück, zwischen H&M, wo die neue Kollektion von Madonna hing, und den vielen CD-Läden. Ich würde nicht wollen, dass mich noch jemand sieht, wenn so wenig von mir übrig ist, dachte ich, aber ich ließ den Gedanken nicht über meine Lippen kommen. Chantals Mutter sagte, eine Mütze sei eine gute Idee, Chantal habe während ihrer Kahlköpfigkeit auch oft eine getragen, und die habe ihr gut gestanden.

»Ich hab überhaupt nicht oft eine Mütze angehabt. Ich hab

die Haare am liebsten offen getragen.« Frustration klang aus ihren Worten und Trauer darüber, nicht mehr diejenige sein zu können, die sie sein wollte. Mein Blick wanderte zu dem Bilderrahmen auf ihrem Nachttisch. Zwei Fotos waren darin. Das eine von Chantal mit ihren Hunden, zwei Labradore, so blond wie die Frau, die Chantal damals war. Damals, das heißt energiegeladen, strahlend und hellblond, eben so, wie sie am liebsten in Erinnerung behalten werden möchte. Eine Chantal, die ich nicht gekannt habe. Ich kenne nur die Frau auf dem anderen Foto, das vor einiger Zeit für ein Hochglanzmagazin aufgenommen wurde: die todkranke Chantal – energiegeladen, strahlend, einsam, kurze dunkle Haare mit einzelnen blonden Locken. Doch die Chantal, die ich mittlerweile am besten kannte, war wohl die Chantal, die hier, kaum wiederzuerkennen, im Bett lag.

»Nimm was, womit du dich am meisten als Chan fühlst«, sagte ich, so vorsichtig, wie ich auch sonst alles in Zimmer 348 des St.-Vincentius-Krankenhauses in Heidelberg aussprach.

Sie war müde, ihre Augen waren geschlossen. Als wir uns nacheinander von ihr verabschiedeten, bedeutete sie mir, noch einen Moment zu bleiben.

»Bis morgen, Channie.«

»Bis morgen, Mam.«

Wir blieben zu zweit zurück, Chantals Augen waren noch immer geschlossen, und wir schwiegen beide. Die Last unseres bevorstehenden Abschieds, die ich alle drei Stockwerke des Krankenhauses hinaufgeschleppt hatte, schien in dieser Stille noch schwerer. Endlich konnte ich die Frage

aussprechen, die ich im Kopf schon Dutzende Male formuliert hatte.
»Chan, wann soll ich fahren?«
»Samstag früh. Da ist weniger Verkehr.«
»Okay, dann fahr ich Samstag früh.«
Für Chantal hatten die Wochentage keine Bedeutung mehr. Montag oder Donnerstag, Wochenende oder Mittwoch. Alles Bezeichnungen, die im Alltag des Krankenhauses steckengeblieben sind, irgendwo hinter der Tür ihres Zimmers.
Es gibt nur noch einen Tag: den Todestag. Es spielt auch keine Rolle mehr, ob es gestern oder heute geschieht. Ihr war es einerlei, denn von ihrem Leben hatte sie sich schon verabschiedet. Die Liebe zu den Menschen an ihrem Bett, die sie physisch noch loslassen müssen, hält sie am Leben – die einzige Medizin, die dem Leben in diesem Raum gewachsen ist.
Zimmer 348. Die Telefonnummer ist noch in meinem Handy gespeichert.
Wer am meisten liebt, der leidet am meisten. In einem Leben ohne Liebe beginnt der Tod erst zu existieren, wenn das Leben aufhört. Leben und Tod, zwei getrennte Welten. In einem Leben dagegen, in dem die Liebe unsere Wege markiert, entsteht eine innige Beziehung zwischen den beiden Welten. Sie können nicht mehr ohne einander existieren. Die Liebe besiegt den Tod immer wieder von neuem. Es gibt eine Formel, in der Leben und Tod Teil ein und derselben Mathematik sind: die Formel, deren Ergebnis Liebe ist. Und die Liebe, die kann man nicht begraben. Chantal wird deshalb nicht an einem einzigen Tag gestor-

ben sein. Ihr letzter Atemzug hat die Tränen der Bewohner ihres Herzens für immer im Griff.

2. April 2007. Nach einigen Tagen Hügel, Baum und Kirchturm wird die Ruhe zu Langeweile und die Langeweile schließlich zu einem Übermaß an Alleinsein. Ein Übermaß an Alleinsein ist vor allem eines: strapaziös.
Keine siebenhundert Kilometer weiter lockt Barcelona. Aber fünf Tage und elfhundert Kilometer von Chantal entfernt treibt das Wissen, dass alles anders ist, wie ein verrottetes Stück Holz an die Oberfläche. In meinem roten Cocktailkleid und den Stilettos von Manolo Blahnik bleibt an der dicht besetzten Bar im Hafen der katalanischen Stadt nicht mehr viel von mir übrig. Barcelona ist ein moderner Wallfahrtsort für mich und meine reisefreudigen Freunde. Ich bin mit Milan verabredet, die ihren Spanischkurs hier gewissermaßen um ein paar Tage verlängert. In dem Kurs haben wir uns vor vier Monaten in Amsterdam unter Vokabeln büffelnden Rentnern kennengelernt, wir befinden uns also noch in der Honeymoonphase unserer Freundschaft. Kurse sind etwas für Menschen, die nichts mit ihrer Zeit anzufangen wissen. Sprich: Leute über fünfundsechzig und reiche Russinnen. Wer einen Kurs belegt, tut das in der Regel, weil ihm seine Hobbys abhandengekommen sind. Also schlicht und einfach, um beschäftigt zu sein. Oder weil ihn die Beschäftigungen, die er hat, nicht mehr ausreichend beschäftigen. In beiden Fällen genügt so ein Kurs, um jeden Mittwochmorgen rechtzeitig aufzustehen und aus dem Haus zu gehen, drei Stunden Spanisch zu pauken und mittags dann ausgepowert – man

ist so was ja nicht mehr gewohnt – wieder nach Hause zu kommen. Der Impuls, dem Milan und ich gefolgt sind, hat uns in dem Klassenzimmer nebeneinandergesetzt. Unsere Bank wurde schon bald zur Strafbank, und als unsere stärkste Motivation erwies sich unsere Impulsivität. Die ersten Wochen ging ich noch wegen Lola hin, der enthusiastischen Lehrerin, aber nach Woche drei war mir klar: Mein neues Projekt war Milan.

Milan ist Mutter von vier Teenagern, einem Hund so groß wie ein Kalb und zwei Katzen, die sich ihren Lebensunterhalt mit Werbung für Gourmet-Katzenfutter zwischen Werbespots für billige Seife verdienen. Andere halten uns für Mutter und Tochter, Tante und Nichte oder Meisterin und Schülerin. Letzteres stimmt sogar ein bisschen, Ersteres vielleicht auch, und mit dem dritten Bild kann ich ebenfalls etwas anfangen, aber offiziell – das heißt nach üblichem Sprachgebrauch – sind wir Freundinnen mit einem erheblichen Altersunterschied und damit ein lebender Beweis dafür, dass Etiketten nicht mehr in sind.

Ein Blick auf die Uhr, die ich um den Hals trage, sagt mir, dass Chantal ihr Rosenbad heute schon genommen hat. Es ist zwanzig nach acht. In dieser katalanischen Bar macht mir ihr Schicksal mehr Angst. So ist es ja immer mit bedrohlichen Dingen: Sie existieren nur im Kopf des Betrachters, des Außenstehenden. Bis sie ein Teil des Lebens sind und man sie den eigenen Erfahrungen irgendwo zwischen Fieber und Grippe zuordnen muss – erst dann gehören sie dazu. Bis dahin messen wir die Leistung anderer an unseren eigenen Ängsten. Wir bewundern Menschen, die unsere größte Horrorvision durchmachen. Plötzlich erscheint es mir ungeheuer tapfer und tüchtig, dass Chantal dort liegt und auf den Tod wartet, der jeden Moment anklopfen kann. Nicht dass sie die Wahl hätte, ihre letzten Stunden im Heidelberger Nachtleben zu fristen. Ja, fristen – so fühlt es sich an, wenn das Einzige, was einem das Leben noch geben kann, der Tod ist.

Ich muss lachen, als ich an die robuste Chantal denke, die das Labyrinth der Pfeile und Berechnungen, die die Strahlentherapeuten auf ihre Brüste gezeichnet hatten, im Café mit den Worten abtat: »Das ist die Route zu meinen erogenen Zonen.« Hätte sie in Heidelberg herumlaufen können, sie hätte die schönste Bar längst entdeckt, das weiß ich genau. So ist das bei Chantal: Sie übt eine magische Anziehungskraft auf Menschen aus. Sie ging nicht auf eine Party, sie *war* die Party. Auch jetzt noch ist sie in Zimmer 348 von allen Anwesenden die Witzigste.

»Buenos días!«, schallt es durch den Raum.

Ich drehe mich um, und tatsächlich: Es ist Milan. Der Ober schaut genauso erstaunt drein wie ich, die Uhr zeigt schließlich halb neun – abends. Sie kapiert sofort: ein Sprachschnitzer. Das Lächeln, mit dem sie sich heute Morgen wahrscheinlich so heiter aus dem Bett gewälzt hat, ist verschwunden, noch ehe ich einen Lidschlag tun konnte. Ich dagegen habe einen Riesenspaß. Da können Lehrer oder Mütter sagen, was sie wollen: Schadenfreude ist und bleibt die schönste Freude.

»Buenas tardes«, lautet die Antwort des Obers, gefolgt von zehnminütigem Grollen.

»Da lerne ich seit drei Monaten Spanisch, und beim erstbesten *camarero* hau ich gleich daneben.«

»Mach dir keinen Stress. Wir müssen uns eben erst wieder dran gewöhnen«, sage ich.
Der Wein kommt, zusammen mit den ersten Tapas. Nachdem wir zwei Stunden über die Machbarkeit der Liebe geredet und Erinnerungen an flüchtige Affären aufgewärmt haben, gehe ich allmählich in der Welt des Daseins auf. Einer Welt mit Calamares, nicht den frittierten, sondern den kleinen mit Kopf und Armen, mit *pimientos,* einer Mischung zwischen grünem Paprika und grünen Peperoni, mit Thunfischtatar, mit schönen Männern und mädchenhaften Unsicherheiten. Es ist ein willkommenes Aufatmen. Aber ich spüre, dass die Frage, die Milan mir eigentlich stellen will, ihr schon seit zwei Stunden auf der Zunge liegt.
»Wie war's eigentlich in Deutschland?« Da ist sie schon. »Wir müssen nicht drüber reden, wenn du …«
»Nein, nein, schon okay«, sage ich. »Ich hab noch mit niemandem drüber gesprochen, seit ich von Heidelberg weg bin. Als gäb's das alles gar nicht.«
»Und?«
»Es war traurig, aber auch sehr schön. Und seltsam. Dort, hier – dieser Kontrast.«
»Wie lange hat sie noch?«
»Es kann ein Tag sein, es kann auch ein Monat sein. Aber Letzteres eher nicht.«
»Hat sie starke Schmerzen?«
»Ich glaube, sie ist furchtbar traurig. Das finde ich noch viel schlimmer.«
»Und Timo?«, fragt Milan.
»Immer noch das alte Lied. Er verunsichert mich, er gibt

endlich zu, dass er's einfach nicht weiß, ich gehe weg, ich vermisse ihn, er schickt mir Blumen, Briefe, Bücher, fliegt mir sogar nach, wenn es sein muss, macht mir wieder Hoffnungen, und ich wache wieder neben ihm auf und frage mich hinterher, wie lange ich mich noch selbst zum Narren halten will. So ungefähr sieht's im Moment aus. Ich hätte nicht gedacht, dass ich das so lange durchhalte. Es dauert und dauert. Ich weiß einfach nicht mehr, wann es zu viel ist. Wann ist es eigentlich zu viel?«

»Wenn du eine Freundin verlierst und da allein durchmusst. Dann ist es zu viel.«

»Ich glaube, ich warte auf etwas, das es gar nicht gibt.«

»Vielleicht seid ihr euch einfach zu früh begegnet. Er hat schließlich noch eine Scheidung mit allem Drum und Dran zu verarbeiten«, meint Milan.

»Muss das schön sein, eines Tages aufzuwachen, ohne die Wärme seines Körpers zu vermissen.«

»Ich kann nicht in dein Herz schauen, Süße, aber wenn du ihn wirklich liebst, solltest du vielleicht noch nicht aufgeben. Er liebt dich, da bin ich ganz sicher. Nur macht die Liebe uns eben nicht immer zu besseren Menschen. Wenn man den Falschen liebt, ist Liebe nicht mehr als eine hartnäckige Grippe, gegen die Schmerzmittel allein nicht helfen.«

30. März 2007. Als ich heute Nachmittag an die Tür von Zimmer 348 klopfte, wusste ich, dass ich Abschied nehmen musste und nie mehr wiederkommen würde. Es fiel mir schwer, mich von dieser verrückten Chantal zu verabschieden, aber auch, die kleine, warmherzige Familie zu verlassen,

die sie umgab. Ich öffnete die Tür, so leise ich konnte, und betrachtete meine Freundin. Sie hatte die Augen geschlossen und die Arme über dem aufgedunsenen Bauch gekreuzt. Friedlich, ruhig und schon ein bisschen wie eine Tote.
So leise, wie ich die Tür geöffnet hatte, schloss ich sie wieder. Türen in Krankenhäusern knarren nicht. Es ist nicht allzu schwierig, ein Krankenzimmer geräuschlos zu betreten und zu verlassen. Ich war inzwischen so geübt darin, dass ich Chan nicht unnötig ihre Ruhe rauben musste. Doch als ich mich umdrehte und einen zweiten Blick auf sie warf, waren ihre Augen weit aufgerissen. Ich erschrak, als sei etwas passiert, was nicht hätte passieren dürfen. Es war, als schaute mich aus Chantals Augen noch jemand anderer an.
»He, Sophietje.« Sie versuchte, sich aufzusetzen, was ihr immer schwerer fiel.
Kurz nach mir kam eine Krankenschwester herein, und als sie die gelben Blumen auf dem Nachttisch sah, begann sie »Tulpen aus Amsterdam« zu singen. Chantal stimmte sofort ein – nach sechs Monaten Therapie in Deutschland kannte sie das Lied in beiden Sprachen. Sie wollte wissen, ob Rudi Carrell es gesungen habe.
»Tausend rote, tausend gelbe … So geht das«, sagte sie lachend. »Wenn der Frühling kommt …« Während immer mehr Tulpen aus Amsterdam das Zimmer füllten, schrieb ich eilig weiter.
»Schreibst du das auf, Sophie?«, fragte sie. Der Spaß hatte begonnen. »Solltest du nicht was trinken? Ich hol dir schnell was.« Wieder dieses Lachen. Das Buch werde noch in der Sparte Humor landen, scherzte ich zurück.
Doch dann ging sie wieder zur Tagesordnung über. »Was

meinst du – eine Mütze? Oder lieber ein Tuch? Ja, ein Tuch, das ist schön, das ist schick, und ich bin natürlich retroschick.«

»Retroschick«, bestätigte ich.

»Eine hellblaue Bluse, ein hellblaues Tuch. Wenn sie nur den Eyeliner nicht vergessen.« Ich schrieb ihre Worte auf und las sie ihr noch einmal vor. Was für eine Schnulze.

»Mit dem Eyeliner, das wurde nichts. Es ging alles so furchtbar durcheinander«, sagte ihre Schwester ein paar Wochen später. Nach den Tulpen wurde es still im Zimmer. Chantal ermüdete immer schneller, und das Singen forderte seinen Tribut. Ich schrieb und sah sie an. Nur unsere Atemzüge waren noch zu hören. Schließlich wandte ich den Blick vom Bett ab und sah aus dem Fenster zu den malerischen Häusern am anderen Ufer hinüber. Dann betrachtete ich wieder Chan und fragte mich, welche Chantal ich vor mir sehen würde, wenn ich am nächsten Tag tatsächlich abreisen und auf der Fahrt durch das ländliche Frankreich an sie zurückdenken würde.

Die anhaltende Stille wurde von Chantals Mutter und ihrer Schwester unterbrochen, die keinen Tag verstreichen ließen, ohne die Patientin zu besuchen. Was sie zu Hause hatten zurücklassen müssen, verblasste neben dem Leben, in dem sie hier in Heidelberg jeden Morgen erwachten. Chantals Krankenbett bildete eine unauflösliche Einheit der Liebe, die sie füreinander empfanden, einer Liebe so stark, dass sie fast mit Händen zu greifen war. *Dead or alive.* Physisch anwesend zu sein ist dazu nicht nötig. Chantals körperliche Abwesenheit würde zu einer Quelle der Erinnerung werden.

»Wie geht es meinem Mädchen?«, fragte ihre Mutter im Hereinkommen.

Chantals Augen waren jetzt wieder weit geöffnet, als wäre es die ganzen letzten Stunden so gewesen. Sie schlummerte immer leichter ein, um kurz darauf von einer Krankenschwester oder einem Besucher ebenso leicht wieder geweckt zu werden.

»Gut, soweit möglich.« Ihr Blick wanderte durchs Zimmer. »Ich hab's mir anders überlegt. Ich möchte eine klassische Hose, schwarz oder dunkelbraun, mit Aufschlag, wenn's geht. Sie sollte allerdings gerade geschnitten sein und nicht so schmal.« Peng. Keine Zeit mehr für Schönwettergeschwätz.

»Also nicht so eine wie die von deiner Mutter«, antwortete ihre Mutter spitz.

»Nein, so eine nicht.« Ein tiefer Seufzer, der mir wieder ihre Erschöpfung bewusst machte.

Der Gedanke an unseren Abschied hielt mich im Raum fest, aber mit jedem ihrer Seufzer fühlte ich mich mehr und mehr fehl am Platz. Das Einzige, was Chantal noch zur Verfügung stand, war Zeit, und selbst die war äußerst begrenzt. Da meine Rolle nun beendet war, brauchte ich diese Zeit nur auf. Ich brauchte die Zeit auf, in der die drei als Familie zusammen sein konnten. Als Dreieinigkeit dieser später einmal illusionären Zeit. Ich brauchte den Raum auf, in dem sie den Alptraum dank ihres starken Zusammenhalts verarbeiten konnten. Mutter und Töchter, so intim. Als ich aufstand, zeigte sich, dass nicht nur ich die Spannung meiner Abreise spürte.

Eine furchtbar zerbrechliche Stille hielt den Moment gefangen, und Chantal hatte als Einzige das Recht, sie zu durchbrechen. Aber sie tat es nicht. Die Stille ließ einen schrecklichen Gedanken nach dem anderen hochkommen, bis diese Gedanken wie wallender Februarnebel im Zimmer hingen. Und es blieb still.

S.T.I.L.L.

Endlich unterbrach Chantal die Stille, und der kalte Nebel, der nur in der Stille gedeihen kann, verschwand. »Kommst du morgen früh, bevor du losfährst, noch mal vorbei und bringst zwei gekochte Eier mit? Ich hab so große Lust drauf, seit du von deinem Frühstück im Hotel erzählt hast.« Im Hotel aß ich jeden Morgen ein gekochtes Ei. Ich atmete erleichtert auf.

»Gern, Chan. Dann sehen wir uns morgen.«

Vielleicht esse ich deshalb so viele Tage danach noch immer jeden Morgen ein gekochtes Ei.

Es war mein letzter Abend in Heidelberg. Ich machte einen Spaziergang am Fluss entlang, vorbei am Hotel, am Krankenhaus, an einer großen Festhalle mit stimmungsvoller Beleuchtung und jungen Nachtschwärmern, keine dreißig Meter von dem Zimmer entfernt, in dem Chantal ihre Flügel ausbreiten würde, um in eine andere Welt zu gelangen. Ich schaute nach links, ich schaute nach rechts. Links wurde gefeiert, rechts lag meine Freundin im Sterben. Und ich stand dazwischen, genau in der Mitte zwischen Leben und Tod. Ein Ort, an dem ich mich noch heute befinde.

In der Nacht konnte ich nicht schlafen. Das Bettzeug war zu warm, ich fühlte mich beengt und klebrig. Ich blickte zur Seite, nach der frischen, trockenen Hälfte des Bettes, aber sie schien mir zu leer, um mich darin zu verkriechen. Endlich schlief ich ein, geplagt von Stichen, die mich an meine Vergangenheit erinnerten. Vielleicht fühlte ich ein wenig mit Chantal mit, auch wenn sie nichts anderes mehr spürte als die Einsamkeit, die so verdammt anwesend ist in einem Zimmer, in dem alles, was man berührt, den Tod atmet. Ein Tag noch, dann würde ich in Lyon sein.

Der Tag begann still und dunkel. Ich werde nie vergessen, dass es ein Samstag war.
»Und das wegen eines Eis, hör mal, wegen eines stinknormalen Eis!« Chantal lachte über ihre Aufregung wegen des Frühstücks, das ich ihr zurechtmachte. »Wie viele Eier ich wohl in meinem Leben gegessen habe?« Da war es wieder, das Relativieren, unser bester Freund.
Zwanzig Minuten vergingen, vielleicht eine halbe Stunde. Ich weiß es nicht mehr. Was bedeuten Minuten, wenn nur noch so wenige davon übrig sind? Sie schrumpfen zu Momenten, die sich irgendwo hinter den Zeigern der Uhr verstecken. Leider tickt auch die Uhr weiter.
»Und jetzt …«, begann ich.
»Jetzt verlässt du mich. Es war so schön, dass du da warst. Du bist spitze, weißt du das? Vertrau darauf, wie du bist, Sophietje. In allem, auch mit Timo. Hör auf dein Herz, vertrau darauf. Es hat immer recht. Und pass auf dich auf.«
Tja, Timo. Ich hoffe, die Leere, die er hinterlassen hat, schwindet mit den Kilometern.

»Du auch, Süße. Und danke für alles.« Großartig, Sophie. Großartige Antwort. Was sagt man zu einer Sterbenden?

»Ich wollte noch ein bisschen joggen, auf ärztlichen Rat. Haha! Und danach schwimmen, im Fluss, gegen den Strom, das ist gut für die Muskeln …« Sie schenkte mir ein letztes brüchiges Lächeln, so brüchig, dass die Einsamkeit, die sich hinter ihren Zähnen verbarg, in kleinen Rissen auf ihren Lippen zum Vorschein kam, bereit, in Worte gefasst zu werden. Aber noch etwas anderes kam hinter ihren strahlend weißen Zähnen hervor. Etwas Geheimes, von dem nur sie wusste. Es war so bezeichnend für ihr Lächeln, dass es echt wurde. Wie etwas, das ich anfassen und mitnehmen konnte, nach draußen, ins Leben hinein. Vielleicht war es ein Stück *Sichfügen* ins Unabänderliche. Ich hoffe, das ist Chantal in den letzten Tagen auf ihrem Krankenlager gelungen.

Manche glauben, dass wir gehen, wenn wir dazu bereit sind, dass jeder zu seiner Zeit Schluss macht, egal, wie früh der Wecker klingelt. Ich möchte das auch gern glauben: dass wir gehen, wenn wir das Licht gesehen haben. Und dass es keine Rolle spielt, wann wir es tun – das Wort »gehen« sagt es im Grunde schon. Manche behaupten auch, es sei so schön warm dort beim Tod und so hell in jeder Beziehung, dass sie gar nicht zurückwollen.

In wenigen Sekunden wird Chantal nur noch eine Erinnerung sein, die in der nächsten Stille an die Oberfläche kommen wird, so brüchig wie Herbstlaub. Ich nahm Abschied mit zwei gekochten Eiern.

*

Meine Beine baumeln am Pannenfahrzeug der spanischen Straßenwacht herab, wie es sich für eine moderne Zigeunerin gehört. In der Gegend von Granada, irgendwo zwischen Nerja und Motril, stehe ich, noch ehe es mir recht bewusst wird, auf dem Seitenstreifen. Eine Reifenpanne. Zum ersten Mal hole ich Timos Automobilklubkarte hervor.

»Der Wagen ist auf den Namen Timo Thijssen zugelassen. Spreche ich mit seiner Frau?«, fragt eine Stimme.

Schluck. Wenn seine Frau das wüsste. Schuldbewusst und ganz leise murmle ich ein »Ja« in mein Handy.

»Wie bitte? Ich hab Sie nicht verstanden.«

So war's auch gedacht, Idiot. »Ja, mit seiner Frau.«

»Gut. Wie ist Ihre Postleitzahl?«

Ha, die weiß ich zufällig. Da hab ich genug Blumen und Karten hingeschickt.

»Und Ihr Kennzeichen?«

Ich nenne ihm das Kennzeichen.

»Ihr Mann ist bei Ihnen, nehme ich mal an?« Nein, du Trottel, ist er nicht. Aber es scheint mir vernünftiger, die Sache nun auch durchzuziehen.

»Ja. Er, äh … Er liegt am Strand.« Voll Stolz schlage ich die Beine übereinander.

Das klappt ja bestens mit dem Lügen, und Spaß macht es eigentlich auch.

»Am Strand? So spät noch?«

Herrje, was für ein Schwachkopf.

»Ich sag doch, ich bin in Spanien.« Es klingt etwas unfreundlich, und noch dazu gebe ich mich als Timos Frau aus. Schnell schiebe ich etwas Netteres nach.

»Ein Glück, dass es euch gibt. Ohne euch wäre ich verloren.« Ha, der Punkt geht an mich.
»Eigentlich müssten orangefarbene Notrufsäulen am Straßenrand stehen. Benutzen Sie die doch einfach.« Herrgott noch mal, dieser Hornochse.

Wie aus einer Filmszene kam er angefahren, und was wir in dieser gottverlassenen Gegend an der Straße vorfanden, schien uns beide zu überraschen. Rechts von uns das Meer, links die Ausläufer der Sierra Nevada und neben mir ein strammer Spanier, der mir den Reifen wechselt. Es ist halb acht Uhr abends, aber es kommt mir vor, als würde die Sonne von Stunde zu Stunde nur noch kräftiger scheinen. Vor allem deshalb denke ich jedes Mal, wenn ich in Spanien bin, dass ich hier leben möchte.
Während ich dem Mann aus zusammengekniffenen Augen bei der Arbeit zusehe, wird mir klar, wie weit ich schon von Chantal entfernt bin: 1900 Kilometer und zehn Tage, um genau zu sein. St. Jean de Vignes, Barcelona, Denia, Granada. Aber nicht nur an Kilometern und Tagen, sondern vor allem auch an Gedanken und Erlebnissen. Die Märkte in Almuñécar, das antike Kästchen, das ich bei Gym, einer englischen Sammlerin, in Chite gekauft habe, die Spaziergänge im Tal von Bayacas, das Baden im Meer bei Salobreña und all die Riojaflaschen und Gazpachotüten, die ich unterwegs gesammelt habe. Das alles habe ich getan, während Chantal im Bett lag. Was sie mit unveränderter Ausdauer weiterhin tut.
Als Juan – so heißt er tatsächlich – das Werkzeug wieder weggepackt und mich wohlbehalten auf dem Seitenstrei-

fen zurückgelassen hat, fahre ich weiter nach Órgiva, genauer gesagt nach Bayacas. Nach weiteren dreißig Kilometer Schnellstraße komme ich zu der Brücke am Anfang der Straße, die mich durch die Berge zu meinem Ziel im Landesinneren führt. Zu Otto und Bebé, meinen Paten. Das Mikroleben, das Otto, Bebé und ich führen, verläuft vorhersehbar, ruhig und gemächlich. Es passiert wenig, und wenn etwas passiert, hat es entweder mit dem Ziegenhirten zu tun oder mit dem Hund der Nachbarn. Wenn das Telefon klingelt, schrecken wir alle drei auf, als hätten wir dieses Geräusch noch nie gehört. Meine Paten sind wie aus einem Märchenbuch in mein Leben getreten. Geradewegs von der schönsten Seite, auf der immer ein Feuer im Kamin brennt, auf der die Spaziergänge immer lang und schön sind, die Hunde immer um uns herumspringen und der Kakao immer warm ist. Hier geht ein Tag in den anderen über, ohne die Seite zu verlassen.
Zeit gewinnt eine ganz andere Bedeutung mit dem Verstreichen der Tage. Mit dem Älterwerden. Die Minuten einer Zwanzigjährigen sind etwas völlig anderes als die Minuten einer Fünfzig- oder einer Achtzigjährigen. Sie sind länger. Je älter wir werden, desto schneller verfliegt die Zeit. Da heißt es irgendwann rennen.
Jeden Morgen lasse ich den spanischen Tag über mich kommen – die roten und gelben Tomaten, die Sonne, die Hunde, die Berge. Und jeden Tag werden diese Momente ein bisschen kürzer. Inzwischen sind es wie gesagt schon zehn Tage. Zehn Tage ist es nun her, dass ich zum letzten Mal ein deutsches Ei gegessen habe. Im Grunde ist das Einzige, was mich wirklich beschäftigt: das Heute.

Bis mich am 13. April mein Handy wachklingelt. Ich erlebe den Tag wie jeden anderen. Ich bin sogar fröhlich, während ich mit den Hunden durchs Tal laufe, und glücklich, während ich auf der Höhe des Bergrückens sitze, mit so viel Natur um mich herum, dass ich meine Gemütsverfassung einen Moment lang als so harmonisch empfinde wie die Aussicht. Das alles in dem Wissen, dass Chantals kalter Leib nun in einer Leichenhalle liegt. *Gruselig, was, dass ich da auch bald liege.* Ein Schauder läuft mir den Rücken hinunter, während ich vergnügt weiter über den Grat klettere. Eine dicke Träne kullert meine Wange hinab, als ich am Nachmittag, völlig in Gedanken versunken, Besuch von einem blauen Schmetterling bekomme, der sich nicht nur einmal, sondern gleich zweimal meine Hand als Rastplatz aussucht. Am Abend dagegen, beim zweiten Schauder, kann ich mich nicht länger beherrschen und breche in Tränen aus. Ich schrecke vor den Worten von Chantals Schwester zurück, die mich am Morgen angerufen hat, um mir zu sagen, dass meine Freundin nicht mehr ist. Die Worte kannte ich schon, es war nur das Wann, das noch eingesetzt werden und dann zu mir durchdringen musste.
Chantal ist fünfunddreißig, als sie dem Leben entschwindet.

Die Kugel, auf der ich balanciere, rollt weiter bergab. Ich rolle mit und passe mich den Umständen an, die mir gegeben werden. Dadurch wird die Summe der Dinge, die mir widerfahren, deutlich höher als die Summe der Dinge, die ich mir einmal für mich vorgestellt habe. Daher vielleicht die zunehmende Lust abzuspringen auf einen eigenen Weg,

denn je weiter die Kugel rollt, desto weiter entferne ich mich von meinen Vorstellungen. Die Kugel rollt schneller, als mein Kopf denken kann.
Es ist, als würde ich, indem ich aus Bayacas abreise, um in zwei Tagen bei Chantals Trauerfeier dabei zu sein, mit der Tür zu meiner Freundin auch wieder die Tür zu dem anderen Unruhestifter in meinem Herzen öffnen: Ich bekomme eine SMS von Timo, der das Feuer in mir wiedergefunden zu haben glaubt.

Wenn am Donnerstagabend ein Tramper an der Straße steht, nimmst du ihn dann mit?

Während ich die SMS lese, breitet sich ein warmes Gefühl auf meinem Rücken aus, als stünde der Timo meiner Träume hinter mir und ließe behutsam die Hände über mich gleiten. Über meine Haare, an denen er so schön ziehen kann, meinen Hals, meine Schultern, mein Rückgrat. Die Hände hinterlassen eine angenehme Gänsehaut.
Letzten Endes scheinen alle meine Sehnsüchte zu dem Prinzen auf dem Schimmel zu führen oder, in Timos Fall, zu dem Prinzen in einem vollgepackten alten Jeep. Vielleicht halten wir nur deshalb an einem schwarzen Anzug und einem weißen Kleid fest, um diesen Sehnsüchten Kontur zu geben. Vielleicht ist das der Unterschied zwischen Vertrauen auf das Herz und Vertrauen auf Bilder – was Chantal gemeint hat, als wir mit zwei gekochten Eiern Abschied nahmen. Ich sollte die Bilder künftig mit Bleistift ausmalen können statt mit Filzstift.
Nach einer Supermarkt-Einkaufstour durch Lecrin, einem

Kaffee unter den ortsansässigen Engländern und einem dringend notwendigen Besuch bei Pablo von der BP-Tankstelle komme ich an einer großen Villa vorbei. Ich trage meine braunen spanischen Boots, beigefarbene Shorts, eine weiße Bluse und um die Taille einen alten braunen Gürtel von Otto. Für mich sind das die Farben Spaniens. Hinter dem Zaun läuft ein Schäferhund hin und her, vor dem Zaun hängt ein kleines Schild mit der Aufschrift MOLINOS DEL MARQUES. Der Schäferhund, der *molino*, der ländliche Ort – alles passt.

Ich gleite in die Verklärung eines Traums hinüber, weit weg von Amsterdam, wo ich mich manchmal so gehetzt fühle, von allem, was anders gelaufen ist, als ich es mir auf jenem Betonmäuerchen je hätte ausdenken können. Man kann sich ohne weiteres vorstellen, dass man diesen idealen Tag auch woanders erlebt, weil man sich in der Anonymität des Besuchers so leicht seine eigene Welt schaffen kann, ohne sich mit Umzugskartons, allem möglichen Plunder und anderem Gepäck zu belasten. Es ist die Illusion des Urlaubsprospekts, die Alain de Botton in seinem Buch *Kunst des Reisens* beschreibt. Wir können uns nicht sattsehen an den Palmen, den weißen Stränden, dem blauen Meer und vergessen dabei, dass wir uns in dieser Idylle auch sehr einsam fühlen könnten, weil wir nicht nur den Bikini, sondern auch unsere Erwartungen und vor allem uns selbst eingepackt haben. Trotzdem träume ich noch ein bisschen weiter.

Ich umrunde den *molino* ein paar Mal, fotografiere das Schild und steige wieder in den Landrover. Telefon. Neue Nachricht. Anzeigen. Timo.

Wenn am Donnerstagabend ein Tramper an der Straße steht, nimmst du ihn dann mit?

Nachricht senden.

Nur wenn der Tramper ganz, ganz, ganz genau weiß, in welche Richtung er muss.

Zweimal piep:

Odessa …

Odessa … Er hatte schon immer ein Gespür für meine Schwachstellen. Odessa. Wirklich?

Das schmale Sträßchen schlängelt sich durch einen dichten Tannenwald. Hier und dort zweigen noch schmalere Wege ab, die in der einsetzenden Dämmerung Bilder aus Horrorfilmen und Alpträumen wachrufen.
O Gott.
Schnell weiterfahren. Das geht nur leider nicht richtig mit so einem schweren Wagen, der schon bei der geringsten Steigung aufmuckt. Plötzlich ist es dunkel, und durch die Schemen, die in Scharen hinter den Bäumen hervorkommen, sehe ich den Wald nicht mehr.
Hügel.
O Gott.
Unter tiefen Seufzern, unter Stoßen und Rütteln kommen der Landrover und ich genau auf der Hügelkuppe zum Stehen. Schnell ziehe ich die Handbremse an, wobei mir

einfällt, dass ich beim Anfahren am Berg beinahe durch die Fahrprüfung gefallen wäre.
Mist.
Total verschwitzt sehe ich nach weiteren drei Kurven und drei mühsamen Steigungen etwas so Schönes, dass ich laut auflachen muss. Das alte Landhaus, auf das ich zufahre, steht an einer Schlucht und ist von Dutzenden Fackeln umgeben. Zwischen mehreren Daimlers und BMWs lenke ich den mittlerweile bemoosten Landrover auf den Parkplatz und laufe zum Rand des Kliffs. Keine Gefahr, da ist ein hoher Zaun.
Im Dunkeln sehe ich nicht viel, aber der Blick ist so schön, wie das Ziel meiner Fahrt schrecklich ist.
Über tausend Kilometer habe ich heute zurückgelegt, von Chite bis in die Gegend von Roda de Ter, einem Dorf so klein, dass nicht einmal das Navigationssystem es findet. Auf einer Strecke von tausend Kilometern verändert sich viel. Berge werden zu Ebenen und später wieder zu Bergen. Dürres Gestrüpp weicht grünen Wäldern. Mühlen werden zu Palästen. Und hinter all diesen Veränderungen ist Chantal wieder um einige Kilometer näher.

Meinen Abend male ich mir zwischen einem etwas müden Rentnerverein, einem amerikanischen Pärchen und einem spanischen Ehepaar aus. Wer glaubt, nur Schauspieler auf der Leinwand könnten glänzen, der irrt gewaltig. Um in einem Film mitzuspielen, muss man nicht schauspielern können, man braucht nur eine gehörige Portion Fantasie und Narzissmus, dann kann man ganz allein loslegen. Benötigt werden: ein schönes, aber unauffälliges Kleid,

klassische Pumps, eine Flasche Rotwein, mindestens drei Gänge und eine Umgebung, in der man versinken kann. Die Farbe liegt im Geschmack des Weins, in der Zufriedenheit bei dem Gedanken, dass ich Chantal wieder viel näher bin, im rührenden Anblick des Obers, der sich durch seine Jugend und den einsamen Blick von seinen Kollegen abhebt. Sein plötzlicher Enthusiasmus und sein Diensteifer verhüllen die Leere eines Traums, den ich in seinen Bewegungen wiederzuerkennen glaube.
»Buenas tardes. Encantado. ¿Qué tomas?«
»Buenas tardes. Vino tinto, por favor. ¿Tienes una carta?«
»Si, si. Aquí.«
»Gracias.«
»¿De dónde eres?«
»De Holanda.«
»¿Estás sola?«
»Si. Sola.«
Der *camarero* schaut auf. Ein Mädchen, allein wie er. An diesem gottverlassenen Ort.
»¿Como te llamas?«
»Me llamo Sophie. ¿Y tu?«
»Soy Borja. Encantado.«
»Encantada.«
Den Rest des Abends sehe ich zu, wie Borja seine Einsamkeit hinter der Arbeit versteckt und sie über seinem neu entfachten Enthusiasmus schließlich vergisst. Seine rissigen Hände bilden einen starken Kontrast zu meinen unversehrten, lackierten Nägeln. Ich empfinde Bewunderung für den Arbeitseifer, den jede seiner Bewegungen verrät, aber der melancholische Beigeschmack des Traums, der ihn

hierhergeführt hat und der erschreckend wenig mit der Realität zu tun hat, macht mich auch ein wenig traurig. So vieles in unserem Leben steht schon fest, ehe wir überhaupt damit anfangen.
Während ich ihn beobachte, bedaure ich, dass mein guter Wille nicht weit genug reicht, um ihm eine Nacht zu schenken, eine willkommene Unterbrechung im immer gleichen Trott des Lebens, das er in diesem Landhaus führt. Unterbrechungen können so wichtig sein. Doch ich bin zu sehr in mein eigenes Leben vertieft und gehe allein ins Bett.

Wieder in Heidelberg, fahre ich dieselbe Strecke wie auf der Hinfahrt. Ich komme am Krankenhaus vorbei, an der Tiefgarage, am Hotel. An der Rezeption steht derselbe schelmische junge Mann in derselben Weste und mit demselben netten Lächeln. Ich höre dieselbe altmodische Glocke und bekomme dasselbe Zimmer. Ein freundliches Wiedererkennen in unseren Blicken, aber bei mir auch eine traurige Erinnerung an die Tage, die ich hier verbracht habe. Gleich im Hereinkommen bitte ich um Bügeleisen und Bügelbrett, und zu meiner Überraschung hält er beides bereit. Morgen werde ich endgültig Abschied von Chantal nehmen, und das will ich mit aller Ehrenbezeigung tun. Chantal mochte keine Falten in Blusen, keine knittrigen Kleider, keine Jacken mit fehlenden Knöpfen, dazu war sie zu gepflegt und zu neurotisch.
Ich esse am selben Tisch, schlüpfe auf derselben Seite des Bettes unter die Decke und werde von denselben Morgengeräuschen geweckt. Mit dem einzigen Unterschied, dass

ich den Tag in Heidelberg nicht im Krankenhaus beginne, sondern auf dem Friedhof.
Wir sind eine gemischte kleine Gesellschaft. Der Friedhof entspricht dem, was ein Friedhof an Gedanken und Gefühlen hochkommen lässt. Er ist leer, still und vor allem tödlich. Mir fällt auf, dass es hier viel Grün gibt und dass die Sonne scheint. Nicht so, wie man es erwarten würde, wenn jemand sagt, die Sonne scheint. Denn wenn man an die Sonne denkt, dann denkt man an Meer und Strand und lachende Menschen. Vor allem von Letzteren ist heute wenig zu sehen. Nein, nichts als Stille heute, um uns herum und auch auf unseren Gesichtern. Aber die Sonne scheint, und der Himmel ist blau. In der Kapelle ist es kühler als draußen. Ich bekomme eine Gänsehaut – teils wohl von dem Leichnam, der meine Freundin war, teils von der eisigen Luft, die mich umgibt. Ich schaue, aber ich sehe nichts. Ich achte auf Details, aber ich behalte nichts. Das Einzige, was ich wahrnehme, ist der Tod, der mich aus dem Gesicht anblickt, das in nichts mehr der Chantal aus meiner Erinnerung gleicht. Die Kälte ergreift mich von allen Seiten, doch ich weine nicht. Täte ich es nur, dann könnte sie durch meine Tränen aus meinem Körper abfließen.
Die Feier beginnt mit einer Musikauswahl von Chantal, die für ihre Lieben eine Liste ihrer Lieblingsstücke hinterlassen hat. Wir sind fünfzehn Personen, darunter zwei Ärzte. Das ist nicht viel für ein Begräbnis. Vor allem ist es sehr wenig für einen Menschen wie Chantal, der die ganze Welt umarmt hat. Und doch ist es so. Fünfzehn. Die Zahl sagt über die Person, die sie war, ebenso wenig wie über die Personen, die sie geliebt hat. Und zugleich sagt sie eine

ganze Menge. Was bringt der Tod nur für einen Berg an Paradoxen mit sich.
Auf dem Sarg liegen zwei Blumensträuße, eines der Bänder trägt die Aufschrift BYE BYE, MY BUTTERFLY. FLY. Es brennt noch kein Licht. Ich befinde mich immerhin auf einem Friedhof. Friedhof – ein schönes Wort und ein Ort, an dem weder Zeit noch Argumente mehr eine Rolle spielen. Ein wunderschönes Lächeln lacht uns an, auch wenn es nichts zu lachen gibt. Chantal blickt aus einem Bilderrahmen auf uns herab, mit langem blondem Haar und strahlend weißen Zähnen. Ob sie auch jetzt auf uns herabblickt? Ob sie da ist? Ich hoffe es. Ich hoffe mehr und mehr, dass der Tod Teil des Lebens ist, so wie der Tod Teil von uns allen ist. Mehrere Songs folgen aufeinander. Mehrere Menschen halten kurze Ansprachen. Auch ich lasse mir die Gelegenheit nicht entgehen, mit allem, was dazugehört, Abschied zu nehmen. Als ich an der Reihe bin, stehe ich auf und trete an den Sarg, der seit vierzig Minuten meinen Blick gefangen hält.

»Am Freitag, dem 13. April 2007, dachte ich morgens im Bett darüber nach, was ich Chantal schreiben wollte, in welche Worte ich meine Frage kleiden sollte, ob sie mich noch einmal zu einem Frühstück mit zwei gekochten Eiern sehen wolle. Die SMS blieb unbeantwortet. Aber drei Minuten nachdem ich sie abgeschickt hatte, klingelte mein Handy. Der Anruf trennte die Nacht vom Tag und läutete mit einer lauten Melodie eine neue Wirklichkeit ein. An vier Worte erinnere ich mich:
Chantal.

Gestern Abend.
Eingeschlafen.«

Ich spüre, wie meine Wangen nass werden. Unbeholfen wische ich mir die Tränen und den Schleim, der mir wie ein stiller Wasserfall aus der Nase läuft, mit dem Ärmel meiner schwarzen Jacke aus dem Gesicht.

»Chantal und ich haben uns vor anderthalb Jahren kennengelernt, am 21. Dezember 2005, in einer Kneipe in der Pijp. Aus der werde man sie noch lange nicht mit den Füßen voran hinaustragen, witzelte sie damals. Sie wohnte ja erst seit kurzem dort. Zu jener Zeit hatten wir beide Krebs, mit dem großen Unterschied, dass meine Chancen sich mit jedem Szintigramm verbesserten und ihre sich verschlechterten. Sie zündete sich lässig ihre zweite Zigarette an. Es war noch ruhig in dem Lokal, nur auf drei Tischen standen Gläser, Aschenbecher und brennende Kerzen. Sie lachte und trank von ihrem Weißwein. Ich verstand die Zigarette nicht und den Wein auch nicht, bis sie mir eröffnete, dass sie todkrank sei. Da begriff ich, dass ich eine Genießerin vor mir hatte, eine Siegerin.
In den paar Stunden brachte sie mich dazu, dass ich lachte, schluckte, andächtig lauschte und meine Tränen verbarg. In all diesen Momenten hatte ich eine Gänsehaut, weil ich ständig einen leeren Stuhl vor mir sah. Unheilbar krank. Genießen. Unheilbar krank. Schuhe kaufen. Ja, das tat sie als Erstes, um sich dann zu fragen, ob sie die Sohlen wohl noch ablaufen würde. Gänsehaut.
Der Stuhl ist seit sechs Tagen leer.

Chantal war etwas ganz Besonderes für die Menschen und die Dinge, die blieben, auch wenn sie immer weniger wurden. Ihre Krankheit hat ihr das Leben genommen, aber in gewissem Sinne hat sie ihr das Leben auch geschenkt. Denn wenn der Tod näher kommt, lebst du. Viele Minuten werden dir genommen, aber viele Minuten werden dir auch geschenkt, weil jede Minute deine ist. Du freust dich über die Streifen auf der Bettwäsche, über ein Daunenkissen, einen Döner, ein gekochtes Ei oder ein warmes Bad. Für jeden anderen ist all das nichts weiter als ein Rhythmus, eine Wiederholung, ein Faktum, aber für Chantal war es der Hauptgewinn.

Wir haben geweint und gelacht, auch wenn das Weinen bei mir noch immer im Stillen und Geheimen stattfand. Chantal hatte schon genug Tränen. Im selben Ton, in dem sie von ihrem Sarg oder ihrer Todesanzeige sprach, sagte sie mir, ich solle immer einen Gürtel zu meinen Jeans tragen, feuchte Tücher für die Toilette dabeihaben und vor allem auf mich selbst vertrauen. Ihren Humor hat sie nie verloren. So wenig wie ihre Persönlichkeit, die mir – genauso wie jedem anderen, den sie liebte – so viel gegeben hat.

Liebe Chan, ich kann nur hoffen, dass ich dir genauso viel gegeben habe wie du mir. Es ist der 31. März, und wir nehmen Abschied voneinander, mit zwei gekochten Eiern. Dreizehn Tage später, am Nachmittag nach deinem Sterben, sagt ein blauer Schmetterling adieu.«

Der Tag ist lang. Jede Sekunde steht etwas länger still. Unter der Last unserer Emotionen tickt die Uhr langsam weiter. Jede Minute wird von Chantals Abwesenheit bestimmt.

Seltsam, dass so viel Abwesenheit derart präsent sein kann. Die Verbundenheit der kleinen intimen Gesellschaft, in der wir von unserem Schmetterling Abschied nehmen, rankt sich so eng um die große Abwesende, dass sie ganz nah ist, fast mit Händen zu greifen. Chantal ist nicht mehr da, und doch ist sie so sehr da in den neuen Beziehungen und Gedanken, die heute geboren werden. Die Welt scheint leer, aber den Horizont, die im Wind schwankenden Bäume und die Farben der Speisen auf meinem Teller nehme ich intensiver wahr als sonst. Die Musik, das Foto, der Raum, Heidelberg. *Fly, my butterfly.* Dann passiert etwas Seltsames: Mein Blick fällt auf den hellblauen Pullover einer Freundin von Chantal, und ich muss an den blauen Schmetterling denken, der vor fünf Tagen um meinen Stift herumgeflattert ist. Wer war dieser Schmetterling, der sich auf meine Hand setzte und dort blieb, dann einen kleinen Sprung und ein Tänzchen in der Luft vollführte, sich von neuem auf meine Hand setzte und schließlich fortflog, um im weiten Blau zu verschwinden, als wollte er mir etwas sagen? Als wollte er mir adieu sagen. Ich fange Bruchstücke eines Gesprächs neben mir auf, bei dem es um einen Schmetterling und ein Tattoo geht.

»Kennst du nicht die Geschichte von dem Schmetterling?«

»Nein.«

»Chantals beste Freundin hat sich einen Schmetterling aufs Handgelenk tätowieren lassen, nachdem sie ihren Vater verloren hatte. Als sie in Heidelberg von Chantal Abschied nahm, wusste sie, dass es Zeit war für den Rest des Tattoos, einen zweiten Schmetterling.«

Meine Gedanken wandern zurück zu dem Nachmittag, als ich die Freundin über Chantals Bett gebeugt beim Abschiednehmen antraf. Ich zog mich geräuschlos auf den Flur zurück, bekam allerdings noch etwas von einem Schmetterling mit. Ich hatte die Szene völlig vergessen – jetzt fällt sie mir wieder ein.

»Als sie heute Morgen auf den Friedhof kam, hatte sie den zweiten Schmetterling am Handgelenk.«

Wieder blitzen allerlei Bilder vor mir auf. Die Freundin, die in der Kirche neben mir saß – unter ihrem Jackenärmel spitzte ein Tattoo vor. Ein Stück Flügel. Auf einmal passt alles zusammen. Chantal in ihrem Sarg, in einer hellblauen Bluse. Die Schmetterlinge in dem Strauß auf dem Sarg und am Handgelenk ihrer besten Freundin. Der blaue Pulli. Ich rücke auf meinem Stuhl hin und her, mir ist kalt. Eine noch unbekannte Hand schließt sich um meine und legt mir eine weiche Jacke über die nackten Beine. Die feinfühlige Geste wärmt meine ausgekühlte Haut augenblicklich. Erst jetzt spüre ich, dass Chantal mich vor Monaten in die Arme geschlossen hat. Ich spiele keine Rolle mehr, ich bin einfach nur die Freundin, nach der sie in all den Momenten verlangt hat.

Ein leerer Platz ist am Tisch, aber kein leerer Stuhl. Ein neuer Jemand hat sich an den Tisch gesetzt, ein neuer Bewohner ist auf den Stuhl geschlüpft: der Tod. Und das Gespräch geht weiter.

*

Stell dir vor. Stille. Nur das leise Rascheln der Blätter im Wind. Eine Blume, eine große weiße Rose, sonst nichts. Ein Schmetterling, hellblau, der zwischen Blume und Himmel, Himmel und Blume tanzt, und wieder erscheint es mir seltsam, dass ein Tag so lang sein kann und das Leben so kurz. *Bye bye, my butterfly. Fly.*

*

Es regnet. Nachdem ich das letzte Stückchen Chantal zusammen mit der Sonne in Deutschland zurückgelassen habe, fahre ich meinem Odessa in Frankreich entgegen. Es ist dunkel, und der Regen trübt den Blick auf die schöne alte Stadt. Oder ist es die Liebe, die mir meinen Adlerblick geraubt hat? Mit pochendem Herzen fahre ich ins Zentrum von Nancy auf der Suche nach dem Tramper, der in sein Odessa unterwegs ist.

Der herrschaftliche Eingangsbereich des Hotels erinnert mich an den Kolonialstil des Krankenhauses in Heidelberg. Der Page oben an der Treppe ähnelt dem Bestattungsunternehmer von heute Morgen. Die Wärme des Kaminfeuers trifft auf die Kälte, die ich aus Deutschland mitgebracht habe. Das Bild des Schmetterlings, das über dem Kamin hängt. Timos Silhouette – die Beine übereinandergeschlagen, den Kopf halb hinter einer Zeitung versteckt – dokumentiert die Geschichte, die heute zu Ende gegangen ist. Alles weist zurück, bis zu dem Augenblick, als Chantal aufgehört hat zu existieren.

Timo blickt auf und hält mich dann einen langen Moment in seinen Armen. Wir brauchen nichts zu sagen. Nicht jetzt. Manchmal sagt man mehr mit Liebe ohne Fragen als mit Worten ohne Antworten.

Beide ignorieren wir das brennende Fragezeichen, das zwischen unseren Tellern steht und nach einer Antwort verlangt. Timo bestellt eine Flasche Wein und lässt mich aus der Speisekarte wählen. Ich entscheide mich für eine *soupe au pistou* mit zwei Löffeln, dann Fasan und ein kleines Stück Fisch mit zwei Gabeln. Einen Moment lang ist alles wie immer, als wäre ich gar nicht weggefahren, als wäre nie ausgesprochen worden, dass er Zweifel hat und seine Frau noch liebt. Einen Moment lang ist das alles, was ich brauche.

Es ist Nacht, und bis auf einen blauen Seat ist es leer auf dem Amsterdamer Ring. Das Zuhause ist schon in Sicht, die Lichter von Schiphol strahlen uns entgegen. Wir fahren auf den Parkplatz, wo der gemietete Porsche bereitsteht, um Timo zurückzubringen, denn mit seinem eigenen Wagen hat sich ja seine Freundin davongemacht. Als er in den Porsche Richtung IJmuiden einsteigt und ich wieder in den Landrover Richtung Jordaan klettere, hört das »wie immer« schon ein bisschen auf zu existieren.

Jetzt ist der Ring vollends leer, und der Seat ist weg. Ich spiele mit allen meinen Lichtern. Nebelleuchte, Warnblinkleuchte, Fernlicht, Blinker. Der Porsche antwortet mit dem rechten Blinker auf meinen linken Blinker. So fahren wir eine Weile nebeneinander her und nehmen das Lichtermeer von Schiphol noch ein paar Kilometer mit. Bis die Ausfahrt Haarlem in Sicht kommt und das »wie immer« dann wirklich vorbei ist, ohne dass mir das schon bewusst wäre. Timo verabschiedet sich mit seinem linken Blinklicht.

*

Mehrere Hände gleiten über meinen Leib. Sie fühlen sich kalt an, mein Leib noch kälter. Ich habe die Augen geöffnet, kann aber das eine Dunkel nicht vom anderen Dunkel unterscheiden. Ein Tuch liegt dazwischen, drapiert über meinen ganzen Körper, von den Zehen bis zum Scheitel. Dasselbe Tuch trennt die Stille meines Raumes von der des Trubels ringsum. Ich will die Trennlinie durchbrechen, aber so angestrengt ich auch versuche, Arme und Beine zu bewegen – es tut sich nichts. Die Kraft ist verschwunden, weg. Es ist, als hätte ein kalter Nebel meinen Leib überzogen und alle Kraft, alle Wärme herausgesogen. Ich öffne den Mund und versuche, die Stille zu überschreien. Nichts als ein dumpfes Schnappen in die Luft und das Geräusch meiner nass gewordenen Wimpern. Da ist niemand, der erkennen ließe, dass er auf die eine oder andere Weise meine Anstrengungen teilt, meine Welt, die sich lautlos im Dunkeln abspielt.
Ich spüre, wie meine Muskeln erschlaffen, als wären sie in der starken Strömung eines wilden Flusses gefangen und entfernten sich immer weiter vom Ufer, das nur wenige Meter entfernt in der Sonne leuchtet. Ein Gefühl völliger Ohnmacht überkommt mich.
Über dem Tuch höre ich die Holzsandalen der Krankenschwestern auf dem Linoleum klappern. Das Geräusch erinnert mich an die quietschenden Sohlen meines Turnlehrers in der Grundschule. So plötzlich, wie es mich heimgesucht hat, hören die Holzsandalen auf zu existieren.
Einen Moment lang ist es still.
Dann eine auf- und wieder zuschwingende Tür. Eine tiefe Stimme. Was sie sagt, verstehe ich nicht ganz. Etwas

Chirurgisches. Ich höre, wie Knöpfe gedreht werden und Signale um Aufmerksamkeit piepen. Danach klirrendes Metall und schwere Gegenstände, die verschoben werden. Aber vor allem höre ich das Brummen einer Kühlanlage. Einer sehr großen Kühlanlage. Niemand hört mich schreien, auch Timo nicht.

Zitternd wache ich auf. Alles fühlt sich kalt an: die Laken, meine Haare, die mir im Nacken kleben, meine Kniekehlen. Alles ist nass. Nass von Schweiß. Nass von Tränen. Durchweicht von dem kalten Nachgeschmack, den die vergangenen Minuten hinterlassen haben. *Gruselig, was, dass ich da auch bald liege.*

Gruselig, und vor allem auch ganz allein. Es scheint, als wollte der Tod mich nicht mehr loslassen, nachdem er mich von beiden Seiten so fest umarmt hat. Ich sitze gefangen in einer anderen Perspektive, einer Perspektive, die nicht zu den Träumen einer vierundzwanzigjährigen Frau gehört. Ich klammere mich aus nur einer Armeslänge Abstand weiter an das Leben, denn um zu hoffen, dass da wieder mehr ist, muss ich weglaufen vor der Sicherheit der Erwartungslosigkeit, vorbei an meiner Angst. Hoffnung verlangt Mut, und Mut erfordert den richtigen Moment.

Ich blicke neben mich, dorthin, wo sonst Timos zerzauste blonde Haare liegen. Das Kissen ist leer. Ich brauche nicht lange zu überlegen, auf welchem Kissen sie wohl liegen.

Durch einen Spalt im Vorhang sehe ich, dass es draußen stockdunkel ist, bis auf einen schmalen Lichtstrahl, der von einer Laterne hereindringt und sich bewegende Schatten auf das leere Kissen zeichnet. Die Uhr zeigt halb drei.

Kalter Kummer dringt wie eine unermüdliche Bakterie schleichend in mich ein und färbt alles vor meinen Augen grau. Mit dem Verstreichen der Minuten verschwindet der rosige Hauch von meinen Wangen, und sie werden ebenfalls grau.
Er ist nicht nach Hause gekommen, und ich liege hier in neuen Dessous im Bett, um ihn zu überraschen.
Au.
Die Erinnerungen tanzen wie Elektroschocks über meine Arme und ziehen die Härchen in die Höhe. Ich blicke auf den Hafen von IJmuiden hinaus, wo die Masten so zahlreich sind wie die Erinnerungen, die meine Gedanken ausfüllen. Sie flitzen wie ein Film vorbei und verschwimmen dann zu Schemen, die sich auf dem Wasser bewegen.
Vielleicht brauchten wir beide einfach eine gute Filmszene. Eine Filmszene mit einem rosa Blumenkleid und einem weißen Hemd. Diese Szene ist jetzt vorbei.
Vorsichtig schlage ich die Decke zurück und steige aus dem Bett. Ich denke an meine Hände, die so gern sanft über den warmen Leib kitzeln, der sonst neben mir liegt. Über den Leib, der, wenn er meinen berührt, alles berührt. Nicht nur meine Härchen, auch alle meine Gedanken und Gefühle. Eine Zeitlang sitze ich da und betrachte das Kissen, von dem ich einmal dachte, es würde immer da sein. Aber immer ist eine lange Zeit, und die Zeit hat es so an sich, dass sie alles verändert.

So vorsichtig, wie ich durchs Zimmer schleiche in dem seltsamen Gedanken, dass jedes Geräusch den Moment festschreibt, so vorsichtig scheint der Frühling hinter den schnell dahinziehenden Wolken hervor in die Fenster von Timos Schlafzimmer und tanzt auf den wehenden Gardinen sacht durch den Raum. Schmale Lichtstreifen wandern über den Holzboden und die Wände hinauf zur Decke, um zu verschwinden und später auf dem Teppich wieder zu erscheinen. Dann ist der Frühling wieder weg, so plötzlich, wie er gekommen ist, und ein kräftiger Wind rüttelt an den Fenstern. Mit feuchten Augen schlüpfe ich in meine Jeans und suche meine Sachen zusammen.

Nichts ist stärker als der Moment.

Ein einziges Wort füllt den Raum.

Weg.

Alles zieht mich aus Timos Schlafzimmer fort. Fort aus dem erdrückenden Raum des Todes, der in zu vielen Gestalten gekommen ist. Fort von der Hoffnung, mit Timo ein schöneres Leben beginnen zu können, das mich am Ende nur noch an den Traum erinnert, der mir längst irgendwo unterwegs abhandengekommen ist.

Der Wind schlägt die schwere, alte Haustür hinter mir zu und weht den letzten Rest Furcht und Unsicherheit, den letzten Rest Timo mit einem kräftigen Ruck davon. Die Kälte hat mir Angst gemacht. Sie erinnert mich an alles, woran ich nicht erinnert werden will. An die Hagelschauer und Schneestürme, die ich hinter mir habe, deren klebriger Dampf aber noch meinen Hals hinabtropft und auf meinen Schultern lastet. Ein warmer Frühlingswind ist mir lieber, der aus allerlei Richtungen allerlei Geschichten heranträgt und so der Hoffnung und Liebe, von denen wir alle gar nicht genug haben können, neues Leben einhaucht.

Wäre mein Leben ein Schachbrett, dann wäre ein wenig Nachhilfeunterricht kein vergeudetes Geld. Ich bin soeben geschlagen worden, schachmatt, alle meine Figuren liegen am Rand des Spielbretts. Ich stehe am Anfang eines neuen Spiels. Lasse ich sie liegen, oder stelle ich sie wieder auf?
Das Geschehene schlingert wie ein japanischer Reisebus durch meine Gedanken – so einer, der an jeder Straßenecke für einen allerletzten Fuji-Moment hält – und bestimmt den weiteren Verlauf meines Tages. Dass ich jetzt immer einen Gürtel in der Farbe meiner Schuhe trage und den Tag heute in rot-weißen Brigitte-Bardot-Karos beginne, hat seinen Grund einzig und allein darin, dass Chantal aufgehört hat zu existieren. Menschen und Dinge, die aufgehört haben zu existieren, hinterlassen Spuren. Vielleicht will ich durch Erinnerungen, Gewohnheiten und karierte Blusen nur an der Liebe festhalten und ihr Ausdruck verleihen können, die ich in mir trage, aber nicht mehr umarmen kann. Chantal hat mehr hinterlassen als nur feuchte Toilettentücher und BB-Karos. Als sie bereit war zu sterben und mich an diesem Prozess teilhaben ließ, hat sie meine Tage ausgemalt, an denen sie nicht mehr teilhaben würde.

Einfach dadurch, dass sie starb und die Trennlinie zwischen Leben und Tod, Wählenkönnen und Akzeptieren, Möglichkeiten und Grenzen hervorhob. Als Chantal noch lebte, war sie einer der Gründe, warum ich leben wollte. Dass sie gestorben ist, gibt mir nur noch mehr Grund zum Leben. So wie Siddhartha auf den Reiher vertraute, mit dem er über den Bambushain flog, über den Wald und die Berge, so wie er Durst hatte wie ein Reiher, aß wie ein Reiher und starb wie ein Reiher, genau so flattere ich mit auf Chantals Flügeln, auf den letzten Worten, die sie zu mir sagte: »Geh, Sophie, und vertrau auf dich selbst.«

Chantals Tod fällt zusammen mit einem Neuanfang für mich. Mit einem leeren neuen Tag, an dem mein Bedürfnis, zu erkennen und zu entdecken, geräuschlos in das Bedürfnis übergeht, lieb zu haben und geliebt zu werden. Diese Wechselwirkung beherrscht alles, denn Liebe, die ihr Ziel nicht erreicht, bleibt wie ein verirrtes Stäubchen in der Luft hängen, bis es an eine Mauer trudelt und alles Tanzende seiner Bewegungen verliert, um an seinen Platz gelangen zu können. Dort, in diesem Stäubchen, beginnt meine neue Reise. Shakespeare hat einmal gesagt, die Reise ende, wo die Liebe gefunden wird. Meine Reise beginnt, wo die Liebe abhandengekommen ist.

Wir können nicht eine Seite
aus dem Buche unseres Lebens reißen,

aber wir können das ganze Buch
ins Feuer werfen …

George Sand

Nobody can go back and start a new beginning,
but anyone can start today and make a new ending.

MARIA ROBINSON

»Niederländische Schriftstellerin sucht schnellstmöglich eine Stadtwohnung für langfristigen Tausch. Angebotene Tauschwohnung liegt im Zentrum von Amsterdam, Jordaan, hat 50 Quadratmeter und eine Dachterrasse. Siehe Bilder.«

Das erste Haus, das mich anspricht, sieht aus, wie von einem verträumten zehnjährigen Mädchen gezeichnet. Hinter hohen Platanen mit schattenspendenden Ästen versteckt, steht das Traumhäuschen mitten im Grünen. Die Fensterrahmen sind hellblau gestrichen, die hölzerne Haustür dunkelgrün. Um das Flachdach zieht sich eine schöne Balustrade. An beiden Seiten befindet sich ein kleiner Anbau mit winzigen Fenstern, wahrscheinlich zu klein, um sich darin zu bewegen, aber vielleicht gerade groß genug, um von drinnen nach draußen zu schauen. Die Fassade ist links mit dichtem Efeu bewachsen, so dass es immer ein Rätsel bleiben wird, wer sich hinter dem Fenster bewegt.
Das Häuschen sieht aus wie in einer Jane-Austen-Verfilmung. Wie gebannt zoome ich mir meinen Traum heran. Der Ausschnitt wird immer größer, bis nur noch eine grüne Haustür mit einem blank polierten Türgriff zu sehen ist. So nah und so verzaubernd, dass ich vergesse, dass ein Bildschirm, zehntausend Kilometer und monatelanges

Umherschweifen dazwischenliegen. So nah, dass ich Emma Thompson schon mit einem Buch am Küchenfenster sitzen sehe. Und so nah, dass ich mich sofort auf die Suche nach einem Koffer mache.

Die meisten Häuser, die auf der Wohnungstausch-Webseite angeboten werden, stehen wie das Cottage von Emma Thompson zwischen Kühen und Bäumen weit draußen auf dem Land. Orte, die an der Seite eines Geliebten das Herz höher schlagen lassen, es aber ebenso schnell schrumpfen lassen, wenn man allein dort ankommt und die Gummistiefel im Dielenschrank sauber und ungetragen bleiben. Um endlich wieder Land zu sehen, brauche ich jetzt mehr als den Gesang eines Sittichs oder die Serenade einer leise zirpenden Grille, sobald sich die Nacht wie eine schwarze Decke auf mich legt und im unergründlichen Dunkel das Alleinsein zum Einsamsein macht. Das ist das Letzte, was ich auf meinen Wunschzettel setzen würde.

Es ist dunkel, und es regnet. Eine Kombination, die perfekt zu dem vagen grauen Gefühl passt, in dem mein Körper mich gefangen hält.

Je heftiger der Regen an die Fenster prasselt, desto verzweifelter werde ich mit jedem Foto, das ich auf dem Bildschirm öffne. Ich bin müde, aber viel zu unruhig, um mich ins Bett zu legen. Die Minuten verstreichen quälend langsam.

Achtunddreißig Minuten. Keine Reaktion.

Dreiundfünfzig Minuten. Noch immer keine Reaktion.

Anderthalb Stunden. Nichts. Wie lange es wohl dauert, bis eine Reaktion kommt? Tage? Wochen? So lange kann ich unmöglich warten!

Drei Stunden und drei Tassen Kaffee später. Noch immer nichts.
Ob überhaupt eine Reaktion kommt?
Ich gehe ins Bett.
Und stehe wieder auf.
Seit meinem Aufruf sind vier Stunden vergangen. Nichts.
Pah.
Ich gehe wieder ins Bett.
Und stehe wieder auf.

»Hola, Sophie. Ich war gerade auf der Suche nach einer Mietwohnung, als ich deine Anzeige las. Würdest du gern in Buenos Aires, Argentinien, leben? Mein Reich ist eine 40-Quadratmeter-Wohnung in San Telmo, nicht gerade groß, aber mit einem hübschen Balkon. Wenn du möchtest, kann ich dir ein paar Bilder schicken.
Derzeit bin ich in Frankreich, Lille, Standort eines der größten Antikmärkte Europas. Nach so vielen Jahren im Geschäft – ich sammle nämlich Antiquitäten und handle auch damit – habe ich hier eine ganze Menge ›Krempel‹ erstanden. Donnerstag fahre ich nach Belgien, um einige Schränke abzuholen, und …«

Sie sei neunundvierzig, schreibt sie, und heiße Maria. Sie wolle gern ein paar Monate an ein und demselben Ort verbringen. Vor fünfzehn Jahren habe sie schon einmal vier Wochen in Amsterdam gewohnt, und sie würde gern dorthin zurückkehren, um alte Freunde zu besuchen. An die Haarlemmerstraat erinnere sie sich noch gut. Damals sei sie so gern auf den Noordermarkt gegangen. Ob es die kleine Kneipe an der Ecke noch gebe, in der sich die Gäste morgens kaum von denen spätabends unterschieden. Ob der Sohn des schweigsamen Besitzers den Laden inzwischen übernommen habe. Das hat er tatsächlich. Und ob ich Hunde möge. Sie habe in Buenos Aires zwei Hunde, die zurzeit ihre Freundin Tanya versorge, aber es wäre ihr eigentlich sehr recht, wenn jemand bei ihr wohnen, die Blumen gießen und Tanya die Hunde abnehmen würde, denn sie habe nicht vorgehabt, so lange wegzubleiben. Schäferhunde.

»Selbstverständlich musst du dich nicht vierundzwanzig Stunden um sie kümmern. Hunde haben oft ihren eigenen Kopf, wie du vielleicht weißt. Aber wenn du Hunde magst, wäre es eine super Lösung. Normalerweise gebe ich die beiden nicht in fremde Hände, aber ich habe dich gegoogelt, und mir gefällt dein sympathisches Lächeln.«

Sie hat mich gegoogelt? Eine moderne Zigeunerin habe ich da an Land gezogen. Sofort fällt mir ein, dass ich umgekehrt keine Ahnung habe, wen ich mir da in die Wohnung hole, schließlich kenne ich von der Frau nur das, was sie mir geschrieben hat. Ziemlich gruselig. Gab es da nicht in Deutschland einen Kannibalen, der sich seine Mahlzeiten per Internet bestellt hat?
Seit meinen ersten Ferien haben meine Eltern meine Schwester und mich von einem Häusertausch zum anderen geschleppt. Im Grunde ist das eine Art Luxusvariante des Abenteuers. Es ist jedes Mal aufs Neue ein Glücksspiel, ob die Fotos im Katalog später mit den Urlaubsfotos übereinstimmen. Aber ich kann mich nicht erinnern, dass es

auch nur ein einziges Mal schiefgegangen wäre. Bei uns ist auch nie alles kurz und klein geschlagen worden, von einer einzigen enthaupteten Barbiepuppe abgesehen, die inzwischen unter der Erde liegt. Ein schönes System eigentlich, gerade weil es einzig und allein auf Vertrauen beruht. Marias Einladung sagt mir, dass ich dieses kostbare Gut niemals verlieren darf.
Sie wohne gleich hinter der Plaza Dorrego, schreibt sie weiter. Es heiße immer, im Frühling sei die Stadt am schönsten, aber sie selbst liebe Buenos Aires im Herbst am meisten, weil es mit den vielen Bäumen dann in leuchtende Farben getaucht sei. Wie lange ich bleiben wolle, möchte sie noch wissen, und ob ich so etwas schon einmal gemacht hätte. Ich antworte mit einem ebenso enthusiastischen und langen Bericht über meine Erfahrungen und schreibe auch ein paar Worte darüber, wer ich bin und warum ich unbedingt wegwill. Aus der Perspektive des Vertrauens sozusagen. Marias Angebot ist jedenfalls eine Dauerkarte, mit der ich ganz anonym abreisen und ankommen kann.

»Hola, Maria,
Buenos Aires mit zwei Hunden klingt perfekt. Wann kann ich kommen?«

Als ich nach nur vier Stunden Schlaf und drei Stunden Grübeln am Morgen aufwache, erfüllt mich der Gedanke an diese große, unbekannte, elftausend Kilometer entfernte Stadt, in der ich erst noch meine Spuren hinterlassen muss, mit einer Verliebtheit, die die Vögel im Hof hinter meinem

Haus ein bisschen lauter singen, den Wind ein bisschen länger durch die Blätter rauschen und die Blumen ein bisschen süßer duften lässt. Am Abend schwinden die Farben und Gerüche mit dem Tageslicht, und es überfallen mich Zweifel, die mit wilden Zähnen an dieser frischen Verliebtheit nagen. Wo soll ich überhaupt anfangen? Packen für ein neues Leben – das habe ich noch nie gemacht.

Mit der Stimme, die mich am Morgen wachgesungen hat, noch im Kopf und der Stille des Abends um mich herum beschließe ich, mich auf ein paar Wochen Urlaub in einem Land einzustellen, in dem es an einem Tag sehr kalt und am nächsten sehr warm ist. Das macht die Sache einfacher. Bald habe ich eine Sammlung Kleider beisammen, die sowohl für die sonnigen Pampas als auch für das kalte Patagonien passen. Mit schnellen, geschmeidigen Bewegungen packe ich meinen Koffer. Die Kleiderstapel werden immer niedriger, das Benötigte immer weniger. Zwei schöne Kleider, ein Paar hohe Pumps, eine gute Jeans, ein warmer Pullover, ein paar Bikinis und meine Turnschuhe. Was ich sonst noch brauche, werde ich mir vor Ort besorgen. Je weniger von zu Hause mitkommt, desto besser.

Mit der harten Wirklichkeit von Zimmer 348 vor Augen und in dem zwingenden Gedanken, dass sich Spiegelbilder ständig verändern, lasse ich Amsterdam hinter mir, ohne Timo und ohne Pläne, nur mit Siddhartha und dem brennenden Verlangen zu leben. Leben. Leben! Kilometer zurücklegen. Leben in der weitreichendsten Verheißung des theatralischen Klangs, der dem Wort anhaftet. Da ich keine Termine wahrzunehmen habe, bedeutet Leben für mich nur eines: meinen Träumen nachjagen.

»Hallo, Zus.«
»Hallo, Süße. Wie geht's dir?«
»Ich bin auf dem Weg nach Schiphol.«
»Ach ja? Fliegst du nach Spanien?«
»Nein. Ich geh für eine Weile nach Buenos Aires.«
»Nach Argentinien?«
»Ja.«
»Was willst du denn da?« Es klingt ein wenig entrüstet.
»Ich tausche die Wohnung mit einer Frau, die Maria heißt und wie Mam mit Antiquitäten handelt.«
»Wie lange bleibst du?«
»Keine Ahnung. Lange.«
»Und Timo?«
»Ich hab mich von Timo getrennt und brauche auch eine räumliche Trennung«, antworte ich, noch nicht ganz überzeugt.
Meine Schwester seufzt. »Verstehe. Gut, dass du ihn verlassen hast. Pass gut auf dich auf, Süße, und check beim nächsten Mann gleich, ob er verheiratet ist.«
»Mach ich.«

Ich reiße erschrocken die Augen auf, als die Räder rumpelnd auf der Landebahn aufsetzen. Ich habe zwei Stunden Aufenthalt in São Paolo, ohne amerikanische Dollars, brasilianische Reals oder argentinische Pesos, um den Hunger in meinem knurrenden Magen und den Durst in meinem ausgetrockneten Hals zu lindern. Vielleicht ist in der Eingangshalle noch ein Geldwechselschalter geöffnet, aber als ich die langen Schlangen am Zoll sehe, den ich mit meinem Transferflug umgangen habe, scheidet diese Möglichkeit aus. Mir bleibt nichts anderes übrig, als die Freundlichkeit der Brasilianer in der VIP-Lounge zu testen. Mit verquollenen Augen und zerzausten Haaren setze ich mein schönstes Lächeln auf und frage in meinem besten Portugiesisch – das schon bei *por favor* steckenbleibt –, ob ich bitte kurz ins Internet dürfte, wegen der Flugpläne und so. Es klappt. Nach fünf Minuten habe ich Hunger und Durst am Buffet gestillt und skype mit Milan in Bergen aan Zee.

»Weißt du inzwischen, was du willst? Du wirkst ganz schön zerknautscht. Wo bist du gerade?«
»In São Paolo, am Flughafen. Ungemütlich ist es hier.«
»São Paolo muss einer der schlimmsten Flughäfen überhaupt sein, wenn man da festsitzt, und die Stadt ist auch schrecklich. Nils ist da oft hingeflogen.« Nils ist Milans Mann und arbeitet seit zwanzig Jahren als Pilot für die KLM. Wenn sich die Gelegenheit ergibt, fliegt sie im Cockpit mit. »Ich war auch mal da. Nicht für viel Geld würde ich mit dir tauschen.«
»Auch nicht für dreißig Grad und Flipflops?« Milan steht auf Flipflops.
»Nicht in São Paolo. Musst du noch lange warten?«
»Nein, es geht. Ich stell mich jetzt unten in die Schlange.«
»Du wirkst ein bisschen bedrückt. Ist alles in Ordnung?«
»Hier im Flughafen? Nein.«
»Hast du Lust auf deine Reise?«
»Das wechselt jede Sekunde zwischen ja und nein.«
»Sieh zu, dass du heute Nacht gut schläfst. Das hilft immer. Wie spät ist es dort eigentlich?«

»Fünf Stunden früher.«
»Ah, drum, dann geh ich jetzt wieder ins Bett, wenn's dir nichts ausmacht.«

Es ist dunkel draußen, Schemen scheinen sich auf dem Gelände zu bewegen, aber sonst sehe ich nur startende Flugzeuge und Landebahnen, die überall auf der Welt gleich aussehen. Es ist 0.30 Uhr Ortszeit. Wir landen, kurz bevor das Nachtleben erwacht.

Ich habe eine neue Telefonnummer, eine, die mit +54 anfängt, und ich fühle mich in jeder Minute, die Timo nicht mehr bei mir ist, einen Moment lang als die Frau, die ich am liebsten bin, die ich aber schon zu lange nicht mehr im Spiegel gesehen habe: frei, fröhlich und unkompliziert. Als das Flugzeug in Schiphol abhob, zogen sich alle meine Muskeln zusammen, und ein Rest Spannung blieb zurück. An die Landung durfte ich nicht denken. Aber mit dem Öffnen von Marias Tür öffne ich den Raum, den ich brauche, um auf meine impulsive Flucht zu vertrauen, statt sie zu fürchten. Was mich auf die andere Hälfte der Erdkugel getrieben hat, erscheint mir aus unerfindlichen Gründen als der beste Schritt, den ich in den letzten Monaten getan habe. Es gibt mir ein Ziel. Etwas, woran ich mich festhalten kann. Außerdem hilft es mir, der Wildnis zu Hause erst einmal zu entkommen. Der Kampf zwischen Angst und Vertrauen, der mich auf der ganzen Reise hierher so geschlaucht hat, scheint fürs Erste ausgefochten.
Die Frau, die mich aus dem Spiegel ansieht, ist keine andere Frau und auch keine Folge dessen, was einmal notwen-

dig war, als ich meine Krankheit noch unter einer Sammlung Perücken vor der Außenwelt versteckte. Es klingt irgendwie unüberlegt und naiv in meinen Ohren, aber ich fühle mich frei. Hier, in fremder Umgebung, gelingt es mir, mich hinter einer Maske der Anonymität zu verbergen, und ich löse mich aus dem emotionalen Spinnennetz, in dem ich zu Hause gefangen war.

Plötzlich übermannt mich ein unerwartetes Glücksgefühl, obwohl ich in einem Mantel aus Kummer abgereist bin. Zu Hause bin ich ein vollgeschriebenes Buch, hier dagegen bin ich nur eine leere Seite. Denn hier weiß niemand, warum meine Augen manchmal braun sind und manchmal grün oder wie spät ich aufstehe und warum. Hier kann ich jede Richtung einschlagen, die mir gefällt.

Auf Reisen gelingt es mir stets besser als zu Hause, in meinem eigenen Film mitzuspielen. Der Film erzählt die Geschichte des Mädchens, das in dem Labyrinth umherirrt, das Leben heißt, und nicht mehr heimfindet. Unterwegs begegnet ihr alles Mögliche. Schatzkisten, die ihre Augen blenden. Drachen, die sie in eine andere Richtung jagen. Schlüssel von Türen, die sie nie gesehen hat. In diesem Film bin ich Xena, die Kriegerprinzessin, zu Hause bin ich nur ihre linke Hand. Irgendwo in dem Labyrinth habe ich mich verirrt und laufe nicht mehr vorwärts, sondern immer im Kreis zwischen der Welt des Todes und der Welt des Daseins. Die Sturzflut der Ereignisse strömt schneller in mein Leben, als meine Gedanken Schritt halten können, und reißt alle Wahrheiten, die ich mir erworben habe, mit sich in ein Meer, das viel zu aufgewühlt ist, als dass man darin schwimmen könnte. Meine Sicht ist ge-

trübt und mein Denken verwirrt von all dem Neuen, das es noch gibt, aber noch mehr von all dem Alten, das es nicht mehr gibt.
Deshalb verreise ich so gern, denn das Reisen hilft mir, meine Gedanken zu Ende zu denken, ohne die Banalitäten und Erwartungen, die einen Tag zu dem machen, was er ist, und die ungeniert ein Gitter aus sogenannten Wichtigkeiten um mich herum errichten. Aber am meisten liebe ich das Reisen deshalb, weil ich, wenn ich so durchs Leben streife, nicht ertappt werden kann bei der Distanz zwischen mir und dem Leben draußen auf der Straße, einer Distanz, die mit jedem Tag, an dem ich weder weiß, was ich will, noch, wohin und warum, größer zu werden scheint.

*

Es ist warm in Buenos Aires. Der sanfte Wind des argentinischen Spätsommers weht mir an jeder Straßenecke entgegen. Außerdem ist Buenos Aires riesig. Die Straßen durchkreuzen die ganze Stadt, die achtzehnmal so groß ist wie Amsterdam. Hier ist auch nicht von Alleen oder Hauptstraßen die Rede, sondern von *avenidas.* Die überquert man nicht mal eben lässig zwischen Rot und Grün, sondern man wartet geduldig auf das grüne Licht, das einen wohlbehalten auf die andere Seite der sechsspurigen Straße führt. Die Plätze versetzen einen zurück in die Pracht vergangener Zeiten, als die Argentinier noch Pelzmäntel trugen und in Bugattis herumfuhren. Heute bestimmen keine Bugattis mehr das Straßenbild, sondern alte amerikanische Schlitten: Chevys, Chryslers, Pontiacs

GTOs, Studebakers, Buick Electras und große Fords. Zumindest sind das die Autos, die man am liebsten und mit ein bisschen Glück sieht. Es fahren auch jede Menge Rostlauben herum.
Das Leben tost in den schicken Straßen von Recoleta, aber auch zwischen den charismatischen alten, mit dem Geld junger Unternehmer instandgesetzten Häusern in Palermo, dem grünsten Stadtteil. Die Zahl der Straßen, in die man einbiegen kann, ist endlos, ebenso wie das Angebot rechtschaffener Handwerker – Schmiede, Schuster, Bäcker und Schneider – und kleiner Läden: Kioske, schäbige Kommunikationszentren, Waschsalons, Cafés, Restaurants und dergleichen noch viel mehr.
Die Gegensätze sind enorm. Die Eindrücke wechseln zwischen imposanten Gebäuden in alter Eleganz und efeubewachsenen baufälligen Villen, die Hitchcocks Kulissen Wirklichkeit werden lassen. Das alles zwischen Nerzmänteln in den Auslagen und armen Straßenkünstlern. Es ist eine Welt der Unterschiede, aber jeder in dieser Stadt, egal, ob arm oder reich, ist ein Überlebender der Straße. Politik und Wirtschaft sind so unberechenbar wie der Verkehr, der fast ausschließlich von Taxis beherrscht zu werden scheint. So viele davon fahren herum, dass es den Anschein hat, als läge hier der größte Arbeitsmarkt in Buenos Aires. Taxi- und Lastwagenfahrer bestimmen, wie der Verkehr läuft.
Buenos Aires, die Stadt von Evita und Juan Perón. Die Stadt des Machismos, an dem sie letzten Endes zugrunde gegangen ist. Das Scheitern ist noch in viele Ecken eingeritzt. Die europäische Architektur, die Buenos Aires den

Beinamen »Paris des Südens« beschert hat, verbirgt sich hinter einem traurigen Schleier des Verfalls. Zusammengesackte Giebel, die den Kampf gegen die Armut verloren haben und sich schwermütig auf die Häuser stützen. Kuppeldächer, die auf einem letzten ausharrenden Rest Fundament ruhen. Monumentale Bauten, die nicht mehr von einer alten Dame im pelzbesetzten Kostüm bewohnt werden, sondern von wucherndem Efeu. Tagsüber verbergen sich die *avenidas* hinter einer Unmenge von Reklametafeln mit Frauen in Dessous, Cola trinkenden Models und posierenden jungen Männern mit derselben asexuellen Ausstrahlung wie der heutige Tom Cruise. Abends, wenn die Bewohner im sicheren Hort ihrer Häuser verschwunden sind, kommen die hungrigen Seelen der Nacht zum Vorschein, die all den Müll nach Pappe und Plastikflaschen durchwühlen. Es lebe das Recycling.

Dieselbe Last des Scheiterns liegt auf den Schultern der Bevölkerung. Die Greueltaten des Militärregimes sind noch frisch im Gedächtnis. Die Korruption in der Politik, der Populismus, der wirtschaftliche Zusammenbruch – alles, worunter das Land gelitten hat, wurde zusammen mit den *desaparecidos*, den von den Militärs entführten jungen Menschen, in den geschlossenen Raum des Gestern abgedrängt. Die Erinnerung an die verschwundenen Argentinier aber wird immer bleiben. Auch heute noch gibt es Korruption und politische Manipulation, doch vielleicht gar nicht so viel mehr als im nordamerikansichen Texas.

Machthaber wie Perón, Videla und Menem haben in der Bevölkerung ein Misstrauen hinterlassen, das auch 2007 noch zu spüren ist. In Buenos Aires gilt das Gesetz des

Dschungels und nicht das Gesetz, das so fein säuberlich in der Verfassung festgehalten ist – ein Abenteuer und eine Wohltat für eine junge Frau mit niederländischer Staatsbürgerschaft, die daran gewöhnt ist, ständig Formulare über Formulare auszufüllen, um der Bürokratie Genüge zu tun. Die Bevölkerung scheint abgestumpft zu sein gegen die *viveza creola* – die kreolische Durchtriebenheit – des Durchschnittspolitikers, der ungeniert seine Trickkiste auf den Tisch stellt, um dann am lautesten nach Sozialreformen zu rufen. Auch die Gesichter auf der Straße verraten diese Durchtriebenheit, die automatisch entsteht, wenn man mit der Vorstellung aufwächst, dass die Obrigkeit der Feind ist und niemals eine helfende Hand. Die Vertrauenskluft zwischen Staatsführung und Volk scheint so tief, dass die meisten Einwohner sich gar nicht erst die Mühe machen, bei der Präsidentenwahl ihre Stimme abzugeben. Doch so gleichgültig sie gegenüber den lärmenden Populisten geworden sind, so groß ist ihr Interesse für die Geschichte ihres Landes, die in ihren Köpfen noch spürbar lebendig ist. Historische Werke gehen in den Buchhandlungen weg wie warme Semmeln. Felipe Pigna und Martinez sind die literarische Antwort auf die vielen Fragen, die die Staatsführung nicht beantworten kann. Ihre Bücher erscheinen häufig in mehreren Bänden und sind so geschrieben, dass sie bei so manchem Durchschnittsargentinier zwischen den literarischen Bestsellern auf dem Nachtkästchen liegen.

Doch hinter dieser Wildnis verbirgt sich eine ganze Menge Schönheit. Buenos Aires kommt man nicht mit einem Stadtführer bei, in dem ein Routenplaner den Weg zu den

Sehenswürdigkeiten weist. Die Schönheit der Stadt überrascht immer wieder, zum Beispiel wenn man sich umdreht und der Blick auf eine prächtige Säule fällt oder in eine Gasse, die eine Mikrogemeinschaft von Schuhputzern, alten Näherinnen, Blumenhändlern, Metzgern und Restaurantbesitzern zu beherbergen scheint. Oder wenn der Taxifahrer um eine Ecke biegt, hinter der man niemals die Pracht der Avenida 9 de Julio vermutet hätte, die auf einen kerzengeraden Obelisken zuläuft. Jede einzelne Bus- oder Taxifahrt kann ein völlig anderes Bild der Stadt ergeben. Wenn man Glück hat, wird man durch die guten Abschnitte der *avenidas* gefahren: Cordoba, Scalabrini Ortiz, Santa Fe oder Libertador. Abends erwachen die größeren, schickeren *avenidas* unter einer Decke städtischer Beleuchtung und einem Schleier der Dunkelheit zum Leben. Die Urlaubsfotos des neuen Buenos Aires rings um den Hafen strahlen großen Reichtum aus.

Auch im guten Teil von Recoleta, der Gegend, in der das alte Geld in Tresoren in den Häusern lagert, führt die Calle Alvear in eine andere Zeit, in ein anderes Buenos Aires, das Baires der goldenen Jahre. Dort stehen die letzten schönen Gebäude mit den herrlichen Balustraden und mit Bewohnern, die das nötige Geld haben, um den Verfall aufzuhalten. Die meisten Reichen aber wohnen in den grünen Vierteln rings um die Stadt. In San Isidoro en Olivos, wo das derzeitige Präsidentenpaar lebt, werden die größten und leckersten *asados* – Barbecues mit gegrilltem Fleisch – und die schönsten Feste veranstaltet.

*

Ich beginne mein neues Leben an einem Sonntag. Sonntags klagt mein Herz immer ein bisschen mehr. Einfach deshalb, weil Sonntage für Familienspaziergänge und Liebespaare da sind, und meine Sonntage mich nun wieder Woche für Woche daran erinnern.
Als Erstes mache ich mich deshalb auf die Suche nach einem Blumenladen und einem Friseur. Denn Blumen sind die am meisten unterschätzte Medizin gegen das Aufwachen ohne Lust zum Aufstehen, und Friseure sind die besten Medizinmänner für ein gutes Gefühl. Mit einem Strauß Tulpen in der einen Hand und einer Orchidee in der anderen betrete ich den erstbesten Friseursalon. Einen ziemlich hippen, wie sich herausstellt. Mit einem Friseur, der irgendwo zwischen hetero und Tunte den Faden verloren hat. Einem Friseur, der hinter jeden Punkt noch ein Augenzwinkern setzt.

»*Hola,* was darf's denn sein?« Augenzwinkern.
»Blonder und kürzer bitte«, antworte ich entschlossen.
»Komm, *guapa,* komm.« Augenzwinkern.

Er zeigt auf einen dunkelroten Stuhl ganz hinten, dessen Lederbezug mehrere Risse aufweist. Ich nehme Platz und stelle die Füße auf eine hölzerne Fußstütze, die sich mit dem Stuhl mitbewegt.
Seine Finger gleiten durch meine Haare, ohne auch nur ein einziges auszulassen. Ich deute auf ein Bild in einer der Zeitschriften, die mir gereicht werden, und dann spüre ich, wie das Leben, vor dem ich weggelaufen bin, allmählich verebbt, als würde es zusammen mit meinen Haaren abge-

schnitten. Der Friseur geht wie ein Künstler zu Werke, drei Stunden lang bin ich sein. Diverse Pasten werden mir auf den Kopf geschmiert, mehrere Scheren verschwinden in meinen Haaren, und es fällt mehr davon herunter als übrig bleibt. Vergnügt schaue ich in den Spiegel. Ein neues Gesicht sieht mich an, ein neues Leben lacht mir zu. Ich bin hin und weg und fühle mich zehn Kilo leichter.

Auch am zweiten Sonntag ist Heidelberg beim Aufwachen noch da. Am Vormittag schreibe ich über Chantals Tod, am Nachmittag beginne ich in südamerikanischem Tempo mein Leben in Buenos Aires. Ein Spaziergang, Einkäufe, ein Straßencafé oder ein spätes Mittagessen mit Fleisch und Rotwein. Einmal sah ich nachts auf der Straße einen gutaussehenden blonden Mann in einem eng anliegenden Anzug mit Fischgrätenmuster und einem gestreiften Hemd darunter. Jede seiner Bewegungen strahlte englische Anmut aus. Sein glattgebügelter Anzug und der hohe weiße Kragen verrieten südamerikanische Raffinesse, aber sein blondes, ein wenig zerzaustes Haar und die blauen Augen erinnerten mich an meine Heimat. Vielleicht hatte er von allem etwas.

Ich beobachtete ihn in einem anrührenden Moment, in dem er einer jungen Familie auf ihrer täglichen Suche nach Pappe und anderen Einnahmequellen eine Rose überreichte. Sie sahen ihn erschrocken an und verstummten. Der Jubel brach erst lange Sekunden später aus, als die Haustür bereits hinter dem charmanten Mann ins Schloss gefallen war und er sich auf dem Weg die lange Treppe hinauf befand. Er kam gerade noch rechtzeitig oben an, um von seinem Balkon aus die erfreuten Gesichter und die blitzenden Augen der Familie zu sehen, als sie den Hundertpesoschein entdeckten, der mit Gummiband an der Rose befestigt war. Noch lange musste ich an diese Geste voller Güte denken und an den eleganten Gang des Mannes, der es so still für sich allein genießen konnte, anderen eine Freude zu bereiten. Ich habe ihn seitdem mehrmals gesehen, immer genauso gepflegt, egal zu welcher Zeit, und immer genauso amüsiert.

Ich fülle meinen Tag nicht nur anders aus, ich beginne ihn auch anders. Ich koche nicht mehr zwei Eier zum Frühstück, sondern nur noch eines, und die Kaffeekanne habe ich ganz für mich allein.

Die Blumen sind in der ganzen Wohnung verteilt. Auf der Spüle, zwischen Weinflaschen und Holzlöffeln, nehmen das Lila, Rot und Weiß ein wenig von dem Nebel fort, der mich umgibt, wenn ich morgens beim Aufwachen auf das Kissen neben mir blicke, auf dem jetzt *The Daring Book for Girls* mit seinen silbernen Lettern liegt. Im Bad, zwischen Badewanne und Fenster, färben die Knospen der Orchidee die Aussicht rosa, und am Fußende des Bettes lassen mich die weißen Lilien jeden Morgen für einen kurzen Moment vergessen, warum mein Herz unter der Decke leise klagt. *Just Another Sunday* lautet der Titel des Buches der ersten Woche meines neuen Lebens.

Oder doch nicht? In dem Restaurant, in dem ich das komplette argentinische *asado* probiere, geht ein etwas verwilderter junger Mann an meinem Tisch vorbei. Einen Moment lang kreuzen sich unsere Blicke, und unsere Augen glimmen. Einen Moment lang ist das alles.

Dann verschwindet der Mann aus meinem Blickfeld. Im spiegelnden Fenster sehe ich ihn mit einem der Ober reden und lachen. Mit einer innigen Umarmung verabschieden sich die beiden. Er dreht sich um und geht zur Tür, wieder an meinem Tisch vorbei.

»¿Está bien?« Er bleibt stehen, die Hände in die Taschen seiner Jeans vergraben.

Schnell folgt mein Blick den Konturen seiner Arme, und ich schaue ihm in die Augen. Die ruhen auf meinem Teller. Ich bejahe.

»Schreibst du?« Er zeigt auf mein Heft.

»Si.« Mehr fällt mir auf die Schnelle nicht ein. Ich lasse den Stift fallen, und er landet irgendwo zwischen den aufflatternden Seiten des Hefts. Der Wind weht heute schon früh.

»¿Libros?«, fragt er weiter.

»Si, un libro.«

»¿En español?«

»No. Soy holandesa.«

»Du bist Holländerin? Wohnst du hier?«

Wohne ich hier? Einen Moment lang tritt in meinem Kopf Stille ein. In meinem besten Spanisch rede ich sie schnell weg.

»Si.«

»¿Sola?«

»Si. Soy sola.«

»Venga, dann zeige ich dir das echte Buenos Aires.«

Die erste Station des Karnevals, in dem ich seit einigen Tagen umhertanze, heißt Roman Gomez. Neues bringt letztlich immer auch Gutes, das ist der schwache Trost, der sich hinter zunächst schmerzhaften Veränderungen verbirgt.
Den ganzen Sonntag sind wir zusammen. Wir spazieren über die großen Plätze, trinken Rotwein und bestellen irgendwann noch etwas zu essen. Am Abend nimmt er mich mit in ein Konzert, wo ich zum ersten Mal, seit ich in Buenos Aires bin, Tangoschuhe an mir vorübergleiten sehe. Auf unserem Weg kreuz und quer durch die Stadt erzählt er mir, dass er Buenos Aires vor neun Jahren verlassen hat, um in New York ein Restaurant zu eröffnen, zusammen mit einem amerikanischen Investor, dem seine schnellen Finger und seine argentinischen Familienrezepte vielversprechend schienen. Vier Jahre später stand er wieder vor der Tür seiner alten Wohnung in Buenos Aires, völlig abgebrannt und total heruntergekommen. Ein halbes Jahr arbeitete er in der Autowerkstatt seines Cousins, dann übernahm er mit Unterstützung seiner Familie ein altes Restaurant in der Nähe, dessen Betreiber einen Bandscheibenvorfall hatte und zudem nach dreißig Jahren Kochen keine Küche mehr sehen konnte. Der Erfolg blieb nicht aus. Das Restaurant ist mittags und abends fast immer voll. Ich habe sogar heute Nachmittag noch dort gesessen. Demnächst eröffnet Roman sein zweites Lokal.
»Ja, die Zeiten sind wieder besser, aber all das Händeschütteln jeden Abend irgendwann gegen ein so freies Leben wie deines eintauschen zu können, das muss herrlich sein. Du denkst dir eine Geschichte aus, du reist ihr hinterher

und nimmst deine Wohnung zusammen mit deinen Gedanken mit. *Qué linda. Qué bonita.*«

»*Si. Bonita.*«

Dass ich nicht schon früher darauf gekommen bin, welche Vorteile eine leere Seite hat! Nur ein Flugticket entfernt. Zum zweiten Mal an diesem Tag steche ich in ein Stück Fleisch. Das Essen ist wie alles in Buenos Aires: viel und unwiderstehlich lecker. Der *lomo* wird in vier großen Fleischstücken serviert, zusammen mit einer bunten Palette aus Salat, Salsa und Pickles. Das Restaurant liegt zwischen der Calle Cabrero und der Calle Thames im flammenden Herzen von Palermo, einem von Yuppies bevölkerten Viertel, die abends in den Straßencafés Zerstreuung suchen. So auch Roman und ich.

Die Atmosphäre an den Tischen draußen ist noch angenehmer als drinnen, wo man in einem schön gestalteten Raum dicht beisammensitzt. Die Terrasse ist durch ein Plastikzelt abgeschirmt, das die Mücken fernhält, aber auch eine besondere Intimität schafft. Die Weinflaschen wandern von Tisch zu Tisch, der Wein kleckert auf die weißen Tischtücher, und ab und zu isst man bei einem Nachbarn, dem man gerade erst die Hand gegeben hat, einen Happen mit. Als Roman aufsteht, um zu zahlen, und mich für fünf Minuten allein lässt, kann ich mich in Ruhe umsehen und staune darüber, wie schnell diese Stadt erste Konturen bekommen hat. Eine kräftige braune Hand fasst nach meiner und unterbricht meine Gedanken. Roman.

Wir machen uns auf den Weg zum letzten Absacker des Abends.

»Einen Martini und einen Rotwein bitte.«
»Den Martini mit Gin oder mit Wodka?« Ich habe keine Ahnung, aber Roman deswegen extra von der Toilette zurückzuholen, erscheint mir etwas übertrieben.
»Mit Gin, denke ich. Aber ich weiß es nicht. Entscheiden Sie.« Der etwas arrogante Barkeeper scheint hochzufrieden mit dem bisschen Vertrauen, das meine Worte verraten. Kurz darauf steht ein dreieckiges Cocktailglas mit einer Olive und einem Stäbchen darin vor meiner Nase. Wenig später ist das Glas auch schon leer, ein neuer Drink wird gemacht, und Romans Hand liegt auf meinem Knie, das noch von der argentinischen Sonne glüht.
Es ist zwei Uhr nachts, als wir durch die breiten, leeren *avenidas* nach Hause schlendern.
In den langen, ebenen und vor allem unbekannten Straßen der Stadt fühle ich mich auf Anhieb wohl. Die Entfernung wirkt irgendwie heilend. Amsterdam muss darum kämpfen, seinen Platz nicht zu verlieren am glühenden Horizont Südamerikas, an dem heute Abend der Halbmond steht. Meine Hand in seiner. Ein Kiosk und ein Bürgersteig voller Blumen. Roman geht hin und nimmt einen Strauß aus einem Eimer. Die weißen Blüten passen perfekt zu meiner Schwäche für amerikanische Kinofilme. Ebenso der Mann, der an der Ecke Gitarre spielt. Wann immer es möglich ist, bin ich mittendrin, und jetzt ist es möglich. Gebt mir eine Szene, und ich spiele in dem Film mit. Gebt mir den Moment, und ich bin weg. Gebt mir den Mann, und ich versinke in einer schützenden Umarmung.
»Ein Buenos-Aires-Moment?«, frage ich Roman.

»Ja. Alles. Unsere Begegnung, der Abend, der leichte Wind. Alles.«
Seine Worte klingen so warm, wie ein Daunenkissen weich ist. Ich beuge mich ein wenig vor und überlasse mich seinen Armen. Sein Atem kitzelt mich verlangend am Hals. Seine Lippen auf meiner Stirn. Ein Schauder, ich umfasse seine Hände fester und kneife hinein. Roman fragt, ob ich die sechs Blocks lieber mit dem Taxi fahren möchte. Ich verneine. Er küsst mich auf die Stirn und streicht mir durch die Haare.
Sacht fallen die Laken über mich, beginnend bei meinen Zehen, über Knie und Hüften, berühren meine Brüste, tippen meine Nase an, bis sie hinter meiner Stirn auf der Matratze landen. Ich bin mir jedes einzelnen meiner Reize bewusst und versinke in der Geborgenheit unseres Verlangens. Ein leises Kräuseln formt sich um meine Lippen und zaubert ein freimütiges, noch ungewohntes Lächeln hervor, als ich die plötzliche argentinische Hitzewelle entdecke. Irgendwo zwischen Romans sonnengebräunter Hand, dem Wein und den amerikanischen Kinofilmen lasse ich mich, ohne nachzudenken, in eine seltsame Romanze hineinsinken. An diesem Sonntag werde ich in meiner neuen Heimat nicht allein ausschlafen. Zwei Seelen allein. Ein Gedanke. Ein neuer Sonntag. Ein Titel für das Buch. Den ich morgen, wenn ich die Überraschungen der *wide open road* ausgeschlafen habe, mit größtem Vergnügen notieren werde.
Ein großer Trost verbirgt sich unter den Decken eines Bettes, in dem zwei Fremde die Nacht miteinander teilen. Die leisen Worte, die behutsamen Berührungen, die Körper-

sprache, die an die Stelle der Worte tritt. Beide sind Suchende, und beide sind allein auf dieser Suche nach etwas, das sie noch nicht kennen. Bis sie zusammen einschlafen und ihre einsame Sehnsucht für einen Moment ans Ziel gelangt und verschmilzt. Die Sehnsucht wird eins. Der Trost währt nur diesen einen Moment, aber mehr braucht es auch nicht, um am Morgen von den Vögeln geweckt zu werden, die man schon zu lange nicht mehr hat zwitschern hören.

Hier, in Romans warmem Atem, bin ich verliebt in die Romantik, die in der Fremdheit unserer Romanze liegt, in unserer Anonymität, in den Personen, als die wir uns geben. Unkompliziert, unbefangen, frei. Wie ein neues Dokument, das die Anonymität unserer Situation in Worte fassen soll als einen Austausch unserer schönsten Ichs, tauche ich ein in ein Leben, das nicht meines ist, das ich mir aber mit jeder Minute ein wenig mehr zu eigen mache.

Romantik ist so flüchtig wie eine Nacht in einem Stundenhotel, in dem die Gäste bar bezahlen und die Matratzen in Plastik verpackt sind, in dem Kondome bereitliegen und die Nachtlämpchen aus dem Rotlichtviertel kommen. Der Aufzug rattert, die Tapete löst sich ab, die Wände atmen allenthalben Geheimnisse aus. Es ist nicht hell und nicht dunkel. Alles ist in Zwielicht gehüllt. So wie die fremden Arme, die dich umfangen, so wie dein Ich, von dem du einen großen Teil schlafend zu Hause zurückgelassen hast. Nur ein kleines Stück ist mit dir mitgereist und folgt deiner Sehnsucht in das Abenteuer deiner Fantasie.

Es ist noch früh, als ich neben Romans schlafendem Körper die Gedanken schweifen lasse. Ich will, dass meine Ge-

danken auch die seinen sind, aber ich kenne den Mann neben mir kaum. Gibt es das überhaupt? Einen Menschen, mit dem man an einem Tag nach Heidelberg und Buenos Aires reisen kann? Nach gestern und morgen?
Es ist, mit einem Wort, anders.
Es ist seltsam.
Obwohl wir eng umschlungen eingeschlafen sind, fühlt sich das Laken fremd und unausgeschlafen an. Fremd, weil ich seine Gerüche und Geheimnisse noch nicht kenne. Unausgeschlafen, weil es meine Gefühle und Erinnerungen noch nicht kennt. Wenn Erinnerungen wie nasser Flaum auf der Haut kleben, machen sie es unmöglich, einem neuen Mann direkt in die Augen zu blicken.
Ich sehe zur Seite. Roman schläft noch. Er hat seine Beine um meine geschlungen. So behutsam wie möglich löse ich mich von seinem warmen Körper und taste nach dem grünen Kleid, in dem ich gestern Abend in sein Bett geschlüpft bin. Noch trunken vom Rausch der Nacht trete ich fünf Minuten später ein wenig verloren auf die Straße hinaus. CALLE MALABIA lese ich auf einem Schild an der Ecke. Ich habe keine Ahnung, wo ich bin, aber Zurechtfinden steht nicht ganz oben auf meiner Liste. Kaffee dagegen schon. Im ersten Café, das ich sehe, bestelle ich einen *cortado jarrito,* eine Art Latte macchiato. Mit der Tasse in der Hand setze ich mich an einen der leeren Tische auf dem Bürgersteig. Ich sehe eine lange Schlange hungriger Menschen bei einem Bäcker anstehen, ich sehe einen Mann Blumen verkaufen, ich sehe eine Schwarze in rosa Flipflops in einer Mülltonne wühlen. Das alles an einem Sonntagmorgen.

Von der Schwarzen angesteckt, krame ich ein bisschen in meinen Taschen – immer eine spannende Angelegenheit nach einer Nacht, die wie eine wilde Jazzmelodie haften geblieben ist. Aus den weißen Blumen, der klimpernden Gitarre, der fremden Hand auf meinem Knie und dem grünen Kleid kann ich nur noch ein suggestives Gedicht machen. Die verbindenden Momente sind aus meinem Gedächtnis gelöscht.

Inzwischen liegt alles Mögliche auf dem Tisch. Erstaunlich, was man nach einer Nacht und aus zwei kleinen Jackentaschen alles zutage fördern kann. Einen Knopf, eine goldene Zündholzschachtel mit dem Aufdruck Hotel El Faena, ein paar Geldscheine, Münzen, einen Ohrring, einen Zettel, eine Kastanie und eine Muschel in der Form eines Hütchens.

Eine Muschel in der Form eines Hütchens.

Solche Muscheln werden an der Küste der Île de Ré in der Normandie angeschwemmt.

Die Muschel habe ich mir erst vor ein paar Monaten um den Hals gehängt. Timo hat sie aus stinkendem Seetang gefischt und im Atlantik sauber gespült. Die Erinnerung daran ist so scharf wie ein Film in einem nagelneuen Fernseher, ich kann sie wie mit der Fernbedienung an- und ausschalten. Es ist meine schönste Muschel aus einer Zeit, die ich im Nachhinein zu einer heiteren kleinen Geschichte zu relativieren versuche. Vielleicht weil meine Hoffnung damals am größten war. Oder weil unsere Liebe nur auf einer Insel existieren konnte, auf der es Timos Vergangenheit nicht gab. Die Muschel muss sich heute Nacht von meinem Hals gelöst haben.

Als ich den Zettel entfalte, muss ich laut lachen. Die Schwarze dreht sich um und nickt, als sei mein kurzes Übertönen des Straßenlärms eine Bestätigung für sie. Der Zettel zeigt einen Baum. Einen Traumbaum. Meinen Traumbaum. Ich habe ihn gezeichnet, nachdem ich von Timo weggelaufen war, um mich an etwas Neuem festhalten zu können. Meine Träume, die weiter reichen als Timo.

Als ich in der Hoffnung, nach Hause zurückzufinden, durch die Stadt laufe, komme ich an dem berühmten Friedhof von Recoleta vorbei. Ich trete nicht gleich durch das weit offene Tor, sondern schaue erst ein paar lange Minuten von draußen hinein. Mein Blick wandert über die Grabmale, die schweigend meine Gedanken schlucken. Einen Moment lang ist es, als lachten sie mir zu, so imposant und friedlich stehen sie da. Ich frage mich, ob auch Chantal mir noch zulacht. Ob sie wie ein Geist in einer anderen Zeit umherschweift, im Land der Toten, wo es keine Glocken gibt, die verstummen können.
Überall liegen Katzen. Sie regen sich, und in ihren Blicken ruht ein Geheimnis, dessen Wie und Warum nur sie kennen. Sie wissen, wie die Toten klingen, wenn alle Besucher weg sind und nur noch der weiße Mond am schwarzen Himmel zusieht. Sie kennen ihre Stille und ihre Laute. Ihre Geheimnisse und ihre Träume.
Auf einem der ersten Gräber, an denen ich vorbeikomme, liegt ein magerer schwarzer Kater. Er ist ein bisschen schmuddelig und zerzaust, aber er wirkt stolzer als eine holländische Fensterbankkatze. Auf meinem weiteren Weg durch das Labyrinth der Toten treffe ich auf eine Katze, die mich eine Zeitlang begleitet. Sie springt in einem Trab um mich herum, den ich sonst nur von Pferden kenne, und

wenn sie sich umdreht, kitzelt mich ihr braunes Fell an den nackten Beinen.
Die Grabmale werden immer größer und schöner. Ich bleibe an einem stehen, in dem ich gern wohnen würde, wenn ich einmal groß und reich bin. Es ist ein kleiner Tempel mit allem Drum und Dran. Er hat nicht nur eine schöne Kuppel, sondern auch eine schmiedeeiserne Tür und Fenster mit unzähligen kleinen Scheiben. Vorsichtig wische ich eine davon sauber und spähe hinein. Ein paar Holzkisten sind drinnen gestapelt, daneben steht ein Stuhl. Eine Treppe windet sich ins Dunkel hinab, eine andere windet sich aus dem Dunkel herauf. Platz genug für eine große Wohnküche und ein Doppelbett von IKEA. Je länger ich zwischen den Geräuschen der Stadt, die die Toten an das Leben erinnern, und der Stille des Friedhofs, die die Lebenden an die Toten erinnert, umherlaufe, desto mehr verwischt sich die Grenze zwischen beiden. Hier ist der Tod nur eine Sekunde entfernt.
Zusammen mit der Katze gehe ich ans Friedhofstor, zurück in die Geräusche der Lebenden. Als ich den zweiten Schritt aus dem Friedhof hinaus tun will, bleibt die Katze stehen. Sie schmiegt sich noch einmal an meine Beine, dann wendet sie sich ab und nimmt ihre Geheimnisse wieder mit zu den Gräbern.
Wenig später sitze ich im Taxi und sehe nach draußen, nach dem Rhythmus des sich ständig verändernden Straßenbildes der Stadt, dem Rhythmus, auf den sich meine Gedanken in den vergangenen Tagen schnell eingestellt haben. Hier im Taxi, umhüllt von Romans warmem Duft, den meine Haut aufgesogen hat, gehen meine Gedanken

nur in eine Richtung: nach Amsterdam. Wie weit Holland weg ist! Die Stadt saust an mir vorüber. In der Ferne sehe ich einen Moment lang den Ozean, der meinen Aufbruch endgültig gemacht hat. Vielleicht steckt doch eine Logik im Festhalten an Momenten. Vielleicht sind sie gerade dazu da, dass man darin hängenbleibt. Vielleicht ist es nicht immer so vernünftig, vernünftig zu sein. Vielleicht flattert der Schmetterling, der mich immer an Chantal erinnern wird, viel weiter, als ich anfangs dachte.

*

Das Viertel, in dem ich meine ersten Netze auswerfe, heißt San Telmo. Hier sind die verfallenen Villen hinter wucherndem Efeu versteckt. Hier singen die Ärmsten der Armen noch auf ihre alten Tage im gebügelten Anzug auf der Straße, um sich ihre *comida* – eine Mahlzeit – zu verdienen. Hier leben die extravaganten Sammler, die armen Künstler und die Antiquitätenhändler. Hier gerät man per Zufall in ein Tangokonzert, dessen Klänge einem noch tagelang ins Herz schneiden. Hier werde ich am Wochenende geweckt vom Hochbetrieb bei den Antiquitätensammlern, den Tango- und anderen Volkstänzern, die ihre Kunst vor meiner Tür ausüben. San Telmo ist die Heimat der Träumer. Warm, lebendig und sexy.

Vielleicht fühle ich mich deshalb so wohl in Marias Wohnung. Der Balkon geht in aller Anonymität und aller Ruhe auf den immerzu pulsierenden Platz hinaus. Wie eine Voyeurin beobachte ich das tägliche Schauspiel. Die Stadt Jorge Luis Borges' und des Tangos erwacht vor meinen

Augen zu einem Leben, das mehr ist als eine Ökonomielektion oder eine konstant gute Wettervorhersage. Amsterdam scheint von Minute zu Minute weiter wegzurücken. Ebenso wie die dunklen Wolken, die noch vor wenigen Tagen über Schiphol hingen.

Unten auf der Plaza Dorrego tätige ich meine erste Anschaffung: eine Erstausgabe von *La razón de mi vida* von Evita Perón. Das Buch ist eine Huldigung an ihren Mann Juan Perón und ein Pamphlet gegen die kapitalistische Klasse. Lange bleibe ich vor einer alten Schreibmaschine und einem grünen Lederkoffer mit braunen Riemen stehen. Die Preise sind geradezu lächerlich im Vergleich zu denen in Amsterdam. Ein riesiges Geschäft an der Ecke des Platzes ist bis unter die Decke mit antiken Raritäten und Obscura vollgestopft. Auf meine Frage, ob es hier auch Hüte gibt, führt mich die Frau eine dunkle Treppe hinab. Als sie Licht macht, finde ich mich inmitten Tausender weißer Kleider wieder, alle nach Alter und Stil geordnet.

Wieder draußen auf dem Platz, kaufe ich eine Flasche aus blauem Glas, die mich an die antiken Flaschen erinnert, die bei meiner Mutter in der Küche stehen – und inzwischen vielleicht auch in meiner Küche in Amsterdam, denn Maria wollte in Belgien ja noch einiges abholen.

Ihre Wohnung beherbergt eine große Ansammlung alter Koffer, bestickter spanischer Stolen und fleckiger Spiegel, in die sich die Zeit verbissen hat. Die Räume sind voll, aber nicht unordentlich. Man sieht, dass sich all die Sammlerstücke im Lauf der Jahre ihren Platz erobert haben, an dem sie die Geschichte hüten, die sie in sich tragen. Die Bücher auf einer alten Truhe mit einem eisernen Namens-

schild, die als Wohnzimmertisch dient. Die Körbe im Bad. Die Kerzenleuchter auf den Nachttischen. In einer Ecke stapeln sich die Koffer bis unter die Decke. Nur in der Küchenschublade ist Raum für Chaos. Sie ist übrigens der einzige Ort in der ganzen Wohnung, an dem ich nie finde, was ich suche. Scheren, Zündhölzer, Klebeband. Das Wohnzimmer ist nicht groß, aber wenn die Balkontür offensteht, schafft das Licht von draußen einen Raum, in dem ich frei atmen und mich frei bewegen kann. Oder ist es der Ozean, der mich von allem trennt, was ich zu Hause zurückgelassen habe?
Dieser Raum verschwindet jedoch, sobald ich vorsichtig die Wohnungstür öffne und im Treppenhaus stehe, wo die Geräusche so plötzlich auf mich einstürmen, als lebten alle elf Millionen Einwohner von Buenos Aires bei mir im Haus. So dünn sind die Wände, hinter denen wir unser eigenes Leben zu führen versuchen.
Über mir wohnt Anna. Sie ist fünfundachtzig und vor drei Wochen Witwe geworden. Das weiß ich, weil ich ihr zweimal begegnet bin und sie beide Male ein Gespräch anzufangen versuchte, in dem immer wieder die folgenden Sätze vorkamen: »Bei dem Metzger gegenüber darfst du nicht einkaufen. Der beste Metzger ist drei Straßen weiter« und »Bist du wirklich ganz allein hier?«. Und ganz verschmitzt: »Ach, man könnte ein Buch schreiben über mein Leben.« Ich weiß inzwischen, dass man dazu nicht fünfundachtzig sein muss, aber meine Neugier war sofort geweckt. Ich lud sie zum Tee ein.
»Hast du denn Zeit für die Geschichten einer alten Frau?« Ein kurzer Blick nach draußen genügte. So viele Geräusche

und so viel Betrieb, aber kein Lärm, keine Bewegung, die etwas mit mir zu tun gehabt hätten. Ich nickte mehrmals. Anna redete und redete, ohne mich auch nur eine Minute zu langweilen. Ich hatte geglaubt, sie sei erst seit drei Wochen einsam, aber wie sich herausstellte, war ihre Einsamkeit schon Jahre zuvor in der Geisteskrankheit ihres Mannes geboren worden. Die beiden hatten bereits seit fünfundzwanzig Jahren getrennt gelebt. Sie in einem quadratischen Einfamilienhaus mit spitzem Dach in New Jersey, er in einer Anstalt ein paar Stunden entfernt. Kurz nach seinem Tod ist Anna in ihre Geburtsstadt Buenos Aires zurückgekehrt.

»Was macht so ein schönes junges Mädchen wie du ganz allein in Buenos Aires?« Ich habe ihre Frage noch im Ohr. Eine verdammt unangenehme Frage, wenn man die Antwort selbst noch nicht weiß. Ich sei Schriftstellerin und nach Argentinien gekommen, um ein Buch zu schreiben, hörte ich mich sagen. Es war noch weniger als die halbe Wahrheit und noch ein Stück romantischer als die ganze Wahrheit, aber es genügte, um Anna zufriedenzustellen, so dass sie mit einem Lächeln wieder in ihre Wohnung hinaufging.

Unter mir wohnt Paco, ein dicker Mann mit einem ungeheuer fröhlichen Gesicht, das ständig grinst. Meist spricht er mit vollem Mund, so dass mir auf der Stelle die Lust vergeht, zum Metzger zu gehen. Ich habe keine Ahnung, was Paco macht, aber ich liege wohl nicht sehr weit daneben, wenn ich sage, dass er seinen Tag hauptsächlich mit Einkaufen beim Bäcker und beim Metzger zubringt.

*

Das Taxi hält vor einem roten Lagerhaus. Marias Freundin Tanya, die die Hunde in ihrer Obhut hat, wohnt in einem Loft in Puerto Madero, dem neuen Teil der Stadt, der sich am Hafen entlangzieht. Die riesigen Lagerhäuser erinnern an New York. Kühne Architektur, Frachtschiffe aus dem Amsterdamer IJ und eine Parade hoher Kräne, die nach Sonnenuntergang als bedrohliche Silhouette über den Gebäuden hängen und gespenstische Schatten auf das Wasser werfen. Ich erkenne sie wieder von meinem ersten Abend mit Roman, der mich in die Pianobar eines Hotels hier in der Nähe führte. Von den roten Liegestühlen des Pools aus boten sie einen prachtvollen Anblick.

Ich werde mit offenen Armen empfangen. So kühl die Menschen hier auf der Straße sind, so herzlich sind sie in ihren eigenen vier Wänden. Schon nach wenigen Minuten steht Tanya auf meiner Liste von Leuten, die ich unbedingt näher kennenlernen will. Was sie zu mir sagt – *Hola guapa* –, wie sie mich begrüßt – sie umarmt mich, als seien wir bereits miteinander durch dick und dünn gegangen –, wie sie mich ansieht – ihre Augen leuchten vor Energie – und was sie trägt. Farbe, Blumen, klimpernde Armreifen.

Sie führt mich in einen großen, offenen Raum vorn in der Wohnung. Ihre Gastfreundschaft zeigt sich überall: in den frischen Blumen auf dem Tisch, in der Schale mit Nüssen, in den bereitgestellten Weingläsern. Das alles nimmt mir das leicht unbehagliche Gefühl, das mich begleitet, seit ich auf die fremde Klingel gedrückt habe.

»Wohnst du schon lange hier?«, frage ich, während ich die Aussicht genieße.

»Nein, noch nicht mal ein Jahr. Ich habe immer in San

Telmo gewohnt, gleich bei Maria um die Ecke. Ein paar Monate sogar in ihrer Wohnung. Wie findest du's dort?«

»Herrlich.«

»Ja, das ist es auch. Hier wohnt sich's auch schön, aber manchmal vermisse ich das Chaos in San Telmo. Du weißt ja, dass Maria mit Antiquitäten handelt, sie hat sogar ein Geschäft gleich hinter der Plaza Dorrego. Sie ist immer auf der Suche nach alten Sachen. Das war sie schon, als ich sie in Spanien kennengelernt habe.«

»In Spanien?«

»Ja, verrückt, was? Zwei Argentinierinnen aus San Telmo müssen erst nach Spanien fahren, um sich zu begegnen. Sie ist viel weiter in der Welt herumgekommen als ich, aber zum Glück ist sie immer wieder nach Buenos Aires zurückgekehrt. Ich war dann immer öfter in ihrem Laden, den sie schon vorher hatte. Dank ihr hab ich mir die Wohnung hier so schön herrichten können. Ihre Hunde sind momentan bei einem Freund von mir auf dem Land. Da können sie sich den ganzen Tag austoben, aber nächste Woche kommen sie zurück. Wenn du Lust hast, kannst du ab und zu mit ihnen spazieren gehen.«

»Gern, das würde mir Spaß machen. Ich bin hier ja ganz allein.« Bah, das klingt erbärmlich. Ich überspiele es schnell mit einer begeisterten Äußerung über die Stadt.

Tanya redet zum Glück darüber hinweg. »Sag's einfach, wenn du genug davon hast. Das Restaurant, in dem wir heute Abend essen, ist ganz in deiner Nähe, nur zwei Straßen von der Plaza Dorrego entfernt. Die Portionen sind ziemlich groß – du hast hoffentlich Appetit. Vielleicht kommt noch ein Freund von mir mit. Als ich ihm erzählt habe, dass du Schriftstellerin und aus Amsterdam bist, wollte er dich sofort kennenlernen«, sagt sie augenzwinkernd. Ein Buch schreiben und Amsterdam, das ist die beste Visitenkarte, die man mit auf Reisen nehmen kann.

»Ein Freund?«

»Ja.«

»Single?«

»Ja.«

»Nein, danke. Ich halte mich lieber erst mal an die Hunde.« Um etwas zu tun zu haben, nehme ich einen Schluck von meinem Wein. Dass ich abends schon mehrmals zu Roman ins Bett gekrochen bin, möchte ich Tanya noch nicht erzählen.

Doch sie sieht mich fragend an. »Darüber würde ich heute Abend gern mehr hören. Ich setze frischen Tee auf, Mate, kennst du den schon?«

»Hab davon gehört.«

»Gewöhn dich schon mal dran. In Argentinien kann man nicht leben, ohne Mate zu trinken. Das ist nicht nur Tee, das ist eine ganze Kultur.« Ich bekomme eine Tasse aus Holz mit vielen Blättern darin und einen Trinkhalm aus Metall. Das Getränk ist stark und bitter.

»Wie kann so etwas Bitteres zu einer ganzen Kultur werden?«

»Es ist gesund, und dieses Wort hält ganz Argentinien in seinem Bann. Nicht nur die Hippies auf der Straße, gerade auch Leute mit Geld. Hast du gewusst, dass wir hier die höchste Zahl an Schönheitsoperationen haben? Hier bekommt man sie am billigsten und besten.«

»Nein, das wusste ich nicht. Was kostet denn eine Brustvergrößerung?« Ich drücke mein bescheidenes Dekolleté hoch.

»Nicht so viel, so um die fünftausend Peso, glaub ich.«

»Das sind zwölfhundert Euro. Für ein Paar neue Titten. Nicht viel.«

Tanya nimmt ihren Mantel von der Garderobe. »Das Restaurant ist eine halbe Stunde von hier. Es ist noch warm für die Jahreszeit. Hast du Lust auf einen Spaziergang?«

Wir kommen an den alten roten Lagerhallen und den kühnen Hochhäusern vorbei, die ich auf dem Hinweg gesehen habe. Die rotgelben Kräne, deren Silhouetten über dem offenen Meer schweben, wirken aus der Nähe noch eindrucksvoller. Im Hafen liegt ein großes altes Passagierschiff mit drei Masten und einem scharfen Bug. Es trennt das Neubauviertel mit dem Verwaltungszentrum der Stadt vom Hafen. Hinter den Masten ragen das Verteidigungsministerium, das Handelszentrum und der vom Londoner Big Ben inspirierte Turm der Plaza San Martin auf.

Tanya erzählt und erzählt. Während sie redet, bekommen alle Fixpunkte der Stadt ein Gesicht. An jeder Straßenecke, an der wir stehenbleiben, und an jedem Gebäude, an dem wir entlanggehen, lässt sie mit ihren Worten ein Stück dieses Abends zurück. Die Kräne werden mich nun immer daran erinnern, dass Tanya als älteste von vier Schwestern daran gewöhnt ist, stets Geschichten um sich zu haben. Die Geschichten klebten an den rosa Blumenkleidern der vier Mädchen. Wo sie auch gingen und standen, fantasierten sie laut über ihre weiblichen Wünsche. Von Barbiepuppen über Spitzenunterwäsche bis hin zum knackigen Hintern eines Freundes. Die Schwester, die Tanya am nächsten steht, wohnt am weitesten entfernt. Isabella arbeitet seit dem Tag im Jahr 2002, als Ingrid Betancourt von den FARC entführt wurde, als Journalistin in Kolumbien. Die beiden anderen Schwestern, Anaïs und Cecilia, wohnen in Buenos Aires.

Bei den hohen Masten eines großen Schiffs im Hafen erzählt Tanya von ihrer Mutter, die eine echte Argentinierin war, nicht nur von Geburt, sondern auch in allem, was sie tat. Sie blühte auf zwischen dem argentinischen Machismo und dem sinnlichen Spiel der Gringos, das konnte jeder sehen. Von ihrem Vater erzählt Tanya weniger, denn sie kennt ihn gar nicht. Als sie zwei war, starb er an Lungenkrebs. Sie redet über ihre Schwestern und meint, es sei gar nicht so verkehrt, wenn man in einem Fünffrauenhaushalt für sich selbst sorgen lerne. Durchgedrehte Waschmaschinen, rauchende Automotoren, tropfende Wasserhähne – Tanya hat dafür nie eine helfende Hand gebraucht.

Sie erzählt auch von Maria, der Frau, die jetzt in meiner Wohnung wohnt. Gemeinsam sind die beiden viel umhergezogen und haben alte Sachen gesammelt, aber Tanya hatte bald genug davon. Ein Zeitlang lebte sie in Spanien, in Madrid, wo sie in der Marketingabteilung eines Verlages arbeitete. Das tat sie danach auch in Buenos Aires, beim Verlag Grupo Santillana, weil sie Bücher so liebt, doch auch dort reichte es ihr nach ein paar Jahren. Danach war sie Hostess in einem großen Hotel, wo sie den Donnerstag- und den Freitagabend organisierte und fünf Abende in der Woche ständig den Gästen zulächelte. Das hielt sie kein Jahr aus. Schließlich gründete sie vor vier Jahren unter dem Namen Mariposa ihre eigene Eventagentur und blieb auch dabei. Ihr Kundenbestand reicht von Betrieben, die den Teamgeist ihrer Mitarbeiter stärken wollen, über Brautleute, die ihre Hochzeit planen, bis hin zu Familien, die ihre Geburtstagsfeiern nicht selbst organisieren wollen. Die Arbeit gefällt ihr, sie kann sich ihre Zeit frei einteilen und hat einen gut zahlenden Kundenstamm, aber je länger sie allein lebt und je älter sie wird, desto häufiger hat sie das Gefühl, dass ihr Leben, so wie es momentan ist, sie nicht mehr glücklich macht. Das alles erzählt sie mir auf einem einzigen Spaziergang. So wie Maria mir per E-Mail einen Einblick in ihr Leben gewährt hat.

»Es wird Zeit für etwas anderes«, sagt sie. »Mir wird immer klarer, dass ich in dieser Stadt meine nächste Station nicht erreichen werde. Über all dem Reisen und Tun und Machen habe ich aus den Augen verloren, was mir im Grunde wirklich wichtig ist, was ich jedoch immer als Gejammer abgetan habe. Ich bin jetzt seit zehn Jahren Single, keine einzige Beziehung klappt, und das stinkt mir allmählich.«

Andächtig und interessiert lausche ich ihrer Großstadt-Mann-Frau-Beziehungsanalyse.

»Was ist dein Traum?«

»Alles stehen- und liegenlassen, alles verkaufen – meine Wohnung, mein Geschäft, mein Auto – und ohne Druck auf die Suche nach einem Haus in den Bergen gehen. So groß, dass man eine Pension darin aufmachen kann, und so weit weg von dieser hektischen Stadt, dass man das permanente Gequatsche der Leute hier nicht mehr hören muss.«

»Was hindert dich daran?«

Sie wendet sich mir zu. »Warum bist du weggegangen? Eine Enttäuschung? Innere Unruhe?«

»Beides.«
Als wir in dem Restaurant ankommen, sind die meisten Tische besetzt, und die Gäste essen schon. Kaum haben wir Platz genommen, will Tanya wissen, was ich in den kommenden Tagen vorhabe.
Ich zucke die Schultern. »Nichts Besonderes.«
»Gut. Kommst du mit nach Uruguay? Einfach mal raus hier? Für ein langes Wochenende ist das perfekt, aber wenn du willst, können wir auch länger bleiben. Es gefällt dir bestimmt dort, und mit dem Schiff dauert die Fahrt nur drei Stunden. Das reicht dir vielleicht gerade, um mir zu erzählen, warum du von zu Hause weg bist.«
Einfach mal raus hier, sagt sie. Lachend willige ich ein.
Als ich am Abend durch die Stadt laufe, geht mir Tanya nicht aus dem Kopf. Wie gewohnt überquere ich die Kreuzung, an der die breite Scalabrini Ortiz und die Cordoba zusammentreffen. Hier haben mir vor einer Woche Romans Arme und die Rose des blonden Mannes in dem Anzug mit Fischgrätenmuster das Herz erwärmt.
Roman wohnt genau an dieser Kreuzung, in einem Haus, in dem man ohne Ohrstöpsel nicht überleben kann. Die Sirenen, das Gehupe, das Geschrei – ausgerechnet an dieser einen von den achtundachtzigtausend Kreuzungen der Stadt scheinen die meisten Unfälle zu passieren. Das Gebäude ist alt und feucht. Im Treppenhaus riecht es ständig nach Gas, manchmal so stark, dass ich mich jedes Mal wieder frage, ob die alte Frau, die unter Roman wohnt, nicht vergessen hat, den Hahn zuzudrehen.
Roman wohnt ganz oben. Ich muss drei Treppen hinauf und an fünf Namensschildern vorbei, ehe ich vor seiner

Tür stehe. Leise setze ich den Fuß auf die unterste Stufe. Jedes Geräusch kann den alten Lustmolch im ersten Stock veranlassen, die Tür aufzureißen und mich unter dem Vorwand, er könne sich vor Schmerzen nicht allein hinsetzen, in seine Wohnung zu locken. Den Fehler habe ich einmal gemacht. Nach siebenundachtzig Marmorstufen im Treppenhaus mit dem schönen Jugendstilgeländer betrete ich Romans Wohnung.

Mit schon vertrauten Bewegungen hänge ich meinen grauen Mantel über einen Stuhl, putze mir die Zähne und werfe vom Balkon aus einen Blick nach unten. Die Aussicht ist mit Reklametafeln vollgehängt, auf der größten rekelt sich ein wunderschönes Dessousmodel in einem weißen Wonderbra. Immer wenn ich in das Dekolleté der jungen Frau blicke, nehme ich mir vor, die Wirkung des vielbesprochenen und beworbenen Wonderbras an mir selbst auszuprobieren, und drücke meine kleinen Brüste fest aneinander. Von oben ein sensationeller Anblick, der bei mir allerdings bedeutet, dass darunter nichts mehr übrig ist.

Von diesem Balkon herab sieht man vielleicht am besten, wie die Stadt von der Dunkelheit überzogen, wie sie von den Armen aus den Elendsvierteln in Besitz genommen wird. Die zierlichen Kirchen verbergen sich hinter dem Schutt der Armut, und die Kolonialbauten werden zu Bruchbuden, die in sich zusammenzusacken scheinen und vor Scham die Giebel hängen lassen.

Roman tritt hinter mich und zieht mich aus. Kurz bevor mein rosa geblümtes Kleid auf dem kühlen Boden landet, schleudere ich es weit von mir in eine Ecke – die eine

Liebe kann man nicht im selben Kleid machen wie die andere. Roman löst die Haken meines BH und zieht mich eng an sich. Keine Löffelchenstellung diesmal, sondern Brust an Brust. Alles berührt sich: Füße, Beine, Hüften, Nabel, Brustwarzen, Hälse, Wangen, Wimpern – selbst unser Atem. Ich fühle ihn, höre ihn, rieche ihn. Mit geschärften Sinnen sauge ich die köstliche Berührung der flüchtigen Liebe ein, wie sie nur zwischen zwei Fremden möglich ist, und das Prickeln verstärkt sich noch. Romans Hände gleiten abwärts, legen den Weg zurück, den ich in Gedanken schon durchlebt habe. Vielleicht schreien meine Nerven deshalb nach Stille, denn das Prickeln pendelt an der Grenze zwischen Lust und Schmerz. Ein sachtes Streicheln in der Mulde meines Brustbeins, kleine Kreise um meine Brüste, die in einem zarten Kneifen meiner Brustwarzen enden. Ein langes Abwärtsstreichen, eine gefühlvolle Pause an meinem Nabel, Kraulen in meinem Schamhaar. Seine Finger gleiten nach innen und halten eine Weile still, dann beginnen die kleinen Kreise auch dort, und das Stöhnen meiner Lust durchbricht die Stille im Raum.

Er gleitet auf mich, ich gleite auf ihn. Er dreht mich um, und ich bitte ihn, mich auf den Bauch zu legen, wie Timo es immer getan hat. Ich weiß nicht, weshalb ich mich dadurch stärker fühle. Vielleicht hilft es mir, zu begreifen, dass es noch andere Männer gibt als Timo, Männer, die mir beim Sex genauso nahe sein können. Vielleicht hoffe ich aber auch insgeheim und mit geschlossen Augen, dass Timo auf mir liegt. Nein, das ist es nicht, oder vielleicht doch. Jedenfalls ist es anders als vor ein paar Wochen, denn meine Gedanken sind nicht mehr bei Timo. Er ist nur noch wie

ein ferner Gedanke, den ich nicht recht fassen kann, ein vergilbtes Foto, auf dem man die Gesichter nicht mehr voneinander unterscheiden kann. *Baby can I hold you tonight.* Tracy Chapmans Worte brennen mir auf den Lippen, und die verblasste Erinnerung an die eine kalte Nacht in IJmuiden schmilzt in der Wärme von Romans Höhle.
Am Morgen um acht laufe ich nicht weg, nach Hause oder zu einer E-Mail von Tanya, sondern drehe mich noch einmal um und schmiege mich enger an Roman, was er mit einer innigen Umarmung erwidert. Ich fühle mich wohl dabei, denn er fühlt sich gut an. Er ist angenehm. Auch jetzt noch, am Morgen. Ich setze sogar Kaffee für ihn auf, in einer Kanne, die ich noch nie benutzt habe, mit Kaffee aus einem Küchenschrank, den ich noch nie geöffnet habe. Wir frühstücken gemeinsam, und ich gebe ihm einen Kuss, der irgendwo in seinen wirren, dunklen Haaren verschwindet.
Er sieht mir direkt in die Augen.
Ich erwidere seinen Blick. Diesmal sogar etwas länger als beim letzten Mal.
Angenehm. So angenehm. Aber noch immer fremd.

*

Nach einigen Wochen nimmt Buenos Aires immer mehr Gestalt an, und bald beginne ich mich zu Hause zu fühlen in den Straßen, durch die ich jeden Tag gehe, in den Cafés, in denen ich den immer gleichen Kaffee trinke, im Waschsalon, den ich aufsuche, in der Kirche, in der ich meine Kerzen anzünde – oder besser: mit einer Münze elektrisch anschalte –, in der Gesellschaft der Menschen, mit denen ich mich umgebe. Die Stadt bekommt ein Gesicht und ist nicht mehr nur ein exotischer Name aus einem Reiseführer oder eine Seite aus einem Geschichtsbuch. Der Bäcker ist nicht mehr nur ein Bäcker, er ist der dicke Pedro, der sich die Schürze immer etwas zu stramm um den Bauch bindet. Das Mädchen im Waschsalon ist keine jobbende Studentin mehr, sondern die junge Mutter zweier Kinder, die sechs Tage in der Woche arbeitet. Das alles sind kleine Dinge, manche so winzig, dass sie mir gar nicht bewusst werden – das Lächeln des Jungen, der mir meinen ersten Kaffee serviert, das Wiedererkennen des Schusters, als ich zum zweiten Mal mit einem abgebrochenen Absatz ankomme –, aber gerade diese kleinen Dinge geben der Stadt für mich Farbe.

Und sie werden immer bleiben, vielleicht weil sie zu klein sind, um nahe heranzukommen.

Nach und nach werden meine Begegnungen zu Beziehungen, Handlungen werden zu Wiederholungen, mein Besuch im südamerikanischen Paris wird zum Aufenthalt. Nachdem ich nun an mehreren Sonntagen in Romans Armen aufgewacht bin, die Gesichter in der Nachbarschaft kenne und sogar hin und wieder gegrüßt werde, reist mein Zuhause mir vorsichtig nach. Der Waschsalon kennt mich unter dem Namen Sofi, der Bäcker weiß, auf welches Brot ich zeige, ohne meinem Finger zu folgen, die Nachbarn grüßen mich als eine der ihren.

Das alles führt in eine neue Welt der Erlebnisse, in der meine alte Welt ein immer kleineres Kapitel ausmacht. Hier, in Buenos Aires, habe ich die Aktivitäten und täglichen Gewohnheiten, die mein Leben bestimmt haben, endlich abgestreift. Hier, mehr als elftausend Kilometer von zu Hause entfernt, gelingt es mir, meinen Traumbaum auszumalen und zu erleben. Meine Träume, die zusammen mit der Stadt immer bunter werden.

*

An nichts anderes mehr gebunden als an einen Laptop, mache ich mich auf die Suche nach einem Bikini und einem Handtuch. Ich werfe noch einen letzten Blick auf die Liste, die Tanya mir gegeben hat:

Bikini, nicht nur einen. Handtuch. Sandalen. Sonnencreme. Sonnenbrille. Buch. Kaftan.

Das ist deutlich. Sonne. Die Fahrt nach Montevideo ist wirklich schön. Ich blicke zur auftauchenden Küste Uruguays hinüber, in einem Ohr das Brummen der Schiffsmotoren, im anderen Tanyas angenehme Stimme. Mit nur wenigen Worten drücken wir unendlich viel an Gefühlen und Gedanken aus. Ich lausche und lausche, und während ich lausche, betrachte ich Tanyas wehende, dunkle Haare, die in dem Wind an Deck immer neue Figuren bilden.

Wie sich schon bei unserer ersten Begegnung gezeigt hat, ist Tanya der frische Wind, auf den ich, ohne es zu wissen, so lange gewartet habe und der erst in mir angefacht werden musste. Sie ist für mich, was ein unbefangenes, neugieriges Kleinkind für einen Großvater mit einem reichen Schatz an Geschichten sein kann.

Dass sie mich zu einem Kurztrip zu zweit einlädt, obwohl wir keine gemeinsame Vergangenheit haben, erkläre ich mir mit dem internationalen Leben, das sie seit zwanzig Jahren führt. Ihre Neugier und Unternehmungslust haben sie durch die ganze Welt begleitet und sie mehrmals an verschiedenen Orten wieder ganz von vorn anfangen lassen. Genauso gern wie ich folgt sie Siddharthas Pfad anno 2007, sie ist nur schon länger unterwegs. Sie nimmt die Dinge, wie sie sind, und macht kein großes Aufhebens darum. Ihre Energie verwendet sie lieber darauf, die Dinge zu begreifen und zu erfahren, statt dass sie vergeblich versucht, sie zu verändern. Das Älterwerden sieht sie als eine Chance, sich selbst besser verstehen zu lernen, nicht als den Verlust eines Lebens, das uns mit Krähenfüßen und Verschleiß durch die Finger rinnt. Mit zunehmendem Alter, sagt sie, beruhen ihre Beziehungen immer weniger auf einer gemeinsamen Vergangenheit und immer mehr auf einem gemeinsamen Gedanken. So hat sie gelernt, nach ihren eigenen Prinzipien zu leben statt nach denen anderer. Auf unserer Reise singt sie mir die Inspiration zu, als ein moderner Zigeuner durchs Leben zu gehen.

Mit diesem Gedanken, neben einer Frau, die ich zuvor nur ein einziges Mal gesehen habe, lausche ich dem Wasser, das gegen den Rumpf des Schiffes plätschert. In einem kleinen Segelboot fahren wir nach José Ignacio, eine halbe Stunden von Punta del Este entfernt, dem Moskitonetz entgegen, unter dem wir heute Abend zusammen einschlafen werden.

Die Tage vergehen langsam. Sie sind lang und still und dennoch überraschend. José Ignacio liegt auf einer Landspitze – auf beiden Seiten Küste, Meer und Wind. Ein Leuchtturm steht dort, Fixpunkt des Städtchens und häufigstes Ansichtskartenmotiv. Der Herbst lugt bereits vorsichtig um die Ecke, wird aber jeden Nachmittag um Punkt fünf vom immer noch wehenden Sommerwind weggepustet. Die Einwohner drehen ihre Willkommensschilder noch immer jeden Morgen erwartungsvoll auf OPEN, denn es ist ungewohnt warm für die Jahreszeit. Wenn die Türen weit geöffnet werden und das Licht eingeschaltet wird, tauchen die Galerien und kleinen Designerläden aus dem Dunkel auf.

Wir kommen an einer *estancia* vorbei, einem argentinischen Landgut. Wir treffen zwei Hippies, Irene und Gonzalez, die nach langem Umherziehen in José Ignacio gelandet sind. Wir begegnen drei Hunden und einer Katze namens Charlotte. Außerdem vielen zwitschernden Vögeln und roten oder blauen Libellen. Unsere Pension hat acht Zimmer, von denen sieben leer stehen, wir sind die einzigen Gäste, niemand erwartet mehr einen warmen Spätsommer. Eine fast taube Frau kommt vorbei, um das Frühstück und die Betten für uns zu machen. Es gibt viele Besucher aus der Nachbarschaft, die gern auf einen Teller Paella oder einen Zug an einem Joint vorbeischauen. Die Sonne scheint, aber es ist auch windig. Tagsüber wärmt uns die Sonne den nackten Rücken, abends das Kaminfeuer. Es ist mehr ein Zuhause als ein Hotel.

Wer als Erster aufsteht, egal ob Gast oder Gastgeberin, geht in die Küche, um Wasser aufzusetzen und die fast taube

Frau um Eier und Marmelade zu bitten. Irene gesellt sich beim Frühstück gern zu uns, während Gonzalez mit großen Holzscheiten hantiert. Die beiden haben sich in Madrid kennengelernt, nachdem Irene Ende der Siebzigerjahre mit ihrem ersten Mann vor dem Militärregime aus Argentinien geflohen war. Die beiden kamen nach Europa, um sich ein besseres Leben aufzubauen. Sie begannen dieses Leben in Amsterdam, wo sie sich einen kleinen Bus zu einem Haus auf Rädern umbauten. Über Antwerpen und Paris fuhren sie weiter nach Madrid und suchten sich dort Arbeit. Sechzehn Jahre, einen Sohn, eine schwere Operation und eine Scheidung später lernte Irene den Spanier Gonzalez kennen, ihren jetzigen Partner, mit dem sie nach ihren europäischen Wanderjahren nach Südamerika zurückgekehrt ist. Nicht in die Hektik von Buenos Aires, sondern in die Stille Uruguays.

In diesem entlegenen Winkel der Erde haben sie sich langsam in die Scrabble-Top-Ten vorgearbeitet. Jeden Tag wird ein paar Stunden am Computer gescrabbelt, und wenn nicht gescrabbelt wird, dann wird instand gesetzt, gekocht oder geschrieben. Es ist das Leben, von dem Tanya träumt. Zweimal am Tag fährt ein attraktives junges Paar mit Surfbrettern auf Mountainbikes vorbei, begleitet von einem ebenso attraktiven Schäferhund.

Morgens fahren sie nach Osten, mittags probieren sie nach einer Mahlzeit aus selbst gefangenem, gebratenem Fisch die Wellen im Westen aus, um uns anschließend die Unterschiede zwischen den beiden Küsten zu erklären. Es ist hier so still, dass jeder neue Besucher sofort bemerkt wird. Manchmal, wenn die Stille lange anhält, ist es so ruhig, dass es mir einen Moment lang vorkommt, als sei ich Teil eines Stilllebens und nicht einer rasend schnell rotierenden Erdkugel.

»Hast du schon einen Berg gefunden?«
Als ich ins Hotel zurückkomme, sitzt Tanya offensichtlich schon seit Stunden am Computer.
»Vielleicht. Es gibt so viele.«
»Viele was?«
»Alte Ranches in Bariloche. Das ist im Westen von Argentinien, am Fuß der Anden. Eine herrliche Naturlandschaft mit großen Seen, dichten Wäldern und weißen Bergen.«
»Ha, ein Berg.«
»Viele Berge.«
»Was genau willst du denn da, in den Bergen?«
»Eine Pension eröffnen, wandern, alt werden.«
Ich sehe sie fragend an und setze mich in die Ecke der Bank. »Erzähl.«
»Was gibt's da zu erzählen? Ich bin jetzt fünfundvierzig und habe das Gefühl, dass ich seit zehn Jahren auf der Stelle trete. Es wird Zeit, dass ich endlich mit dem anfange, was ich mir vorgestellt habe, als ich so alt war wie du. Nur vor einem habe ich Angst, dass die Stille mir zu viel wird.«
»So schlimm kann's nicht werden, du willst doch eine Pension aufmachen. Läuft die erst mal, dann bist du heilfroh, wenn du draußen deine Ruhe hast. Außerdem gewöhnst du dich bestimmt schnell an den Rhythmus deiner neuen Umgebung.«
Es ist nichts als traurige Ironie, dass wir uns so im Spinnennetz der Möglichkeiten, das nur für wenige von uns aufge-

spannt ist, verirren und in diesem Labyrinth all unser Relativierungsvermögen verlieren können. Aber Einsamkeit ist nicht in logischen Zusammenhängen zu messen, nur in Erlebnissen.

»Du hast recht. Ich hab auch wirklich Lust drauf. Ein paar Zimmerleute für den Umbau wären vielleicht nicht schlecht. Wie findest du die hier?« Sie zeigt auf eine alte *estancia,* neunhundert Kilometer von Buenos Aires entfernt.

»Zu weit weg.«

»Davon hab ich schon immer geträumt, von den Bergen. Hilfst du mir, einen guten Berg auszusuchen?«

»Einen Berg auszusuchen? Nichts lieber als das.« Wir suchen und suchen, aber der Enthusiasmus, mit dem Tanya den Tag begonnen hat, bleibt immer weiter hinter einem der Schneegipfel in den Anden hängen. Neunhundert Kilometer sind schon verdammt weit weg.

Die Tage beginnen früh, die Nächte auch. Es ist halb sieben, als ich die Augen aufschlage, und sieben, als ich frisch gewaschen über die Terrasse tappe. Die Sonne steht noch so niedrig wie die Wolken. Von ein paar skurrilen Wolkengebilden abgesehen, ist der Himmel eine große blaue Kuppel. Da die taube Frau nie vor neun vorbeikommt und alle anderen noch schlafen, beschließe ich, ein Stück zu joggen. Meine weißen Turnschuhe stehen, seit ich in Argentinien bin, aufreizend sauber im Schrank. Schuldbewusst betrachte ich meinen Körper in einer spiegelnden Fensterscheibe, stelle aber fest, dass trotz meiner argentinischen Kost aus rotem Wein und rotem Fleisch nichts dazuge-

kommen ist. Seltsamerweise ist eher das Gegenteil der Fall. Vielleicht kommt das von den langen Straßen in Buenos Aires, durch die ich stundenlang laufe.
Das Joggen erinnert mich immer wieder daran, wie wichtig Regelmäßigkeit und Routine sind. Entscheidungen füllen sich erst mit Inhalt, wenn sie ganz oben auf der Prioritätenliste stehen. Joggen ist das Schönste, was es gibt, wenn es einem so in Fleisch und Blut übergegangen ist, dass der Körper förmlich danach verlangt. Die frische Luft, der Rhythmus, in den die Füße nach und nach hineinfinden, die geschmeidige Abfolge der Gedanken, die nicht um Aufmerksamkeit wetteifern müssen. Der Körper, der scheinbar für immer weiterlaufen kann.
Wenn man mal drin ist.
Der Sieg geht an den Langstreckenläufer, nicht an den Sprinter.
Keuchend komme ich nach drei Kilometern zum Stehen und registriere, dass ich den Kampf gegen meinen Kopf, der mir viel schönere Alternativen anbietet – haltmachen und mich in den Sand legen zum Beispiel – verloren habe. Den Rest des Weges spaziere ich mit meinen immer noch viel zu weißen Turnschuhen in der Hand am Wasser entlang. Der Strand ist bis auf einen Sonnenschirm leer. Darunter sitzt eine ältere Frau, geschützt vor der Kälte des Windes und der Wärme der Sonne. Sie liest in einem Buch und blickt ab und zu in die Ferne. Sie scheint sich durchaus wohl zu fühlen, trotzdem wirkt es auf mich etwas unbehaglich, wie sie da so allein an einem leeren, bis zum Horizont reichenden Strand sitzt.
Stille wird ebenso unterschätzt, wie sie überschätzt wird.

Nachdem ich eine halbe Stunde gegangen bin, höre ich Tanyas Stimme. Sie muss meinen Fußspuren gefolgt sein. In einem Dorf mit zwanzig Häusern, acht Straßen und einem einzigen Supermarkt hat man sich schnell gefunden.

»Sophie!« Lachend laufen wir aufeinander zu.

»Bin ich froh, dass ich dich entdeckt habe! Ich kann's kaum erwarten, dir zu erzählen, dass ich schon nächste Woche nach Bariloche fahre. Gerade hat mich James angerufen, ein alter Freund, der …« Fünf Minuten lang plappert Tanya weiter: dass der Anruf kein Zufall sein könne, dass sie an James überhaupt nicht gedacht habe. Dass die Ranch in Bariloche alle Möglichkeiten biete, um darin eine Pension zu eröffnen. Dass viele Leute aus der Stadt in Bariloche Ruhe suchten. Dies und das und noch viel mehr.

Ich höre mir ihren Bericht mit gemischten Gefühlen an. Es freut mich, sie so strahlen zu sehen, aber ich muss auch daran denken, dass ich selbst noch immer auf der Suche nach einem Zuhause bin. Einem Zuhause, das ich noch nicht kenne, das ich mir nicht vorstellen und nicht in Worte fassen kann, das ich aber im täglichen Zusammensein mit Tanya für eine Weile gefunden hatte. Den Rest des Weges gehen wir nicht schweigend nebeneinander her wie am Abend zuvor, als wir das Meeresleuchten in der dunklen Nacht betrachteten, sondern wir klettern über die großen Steine, die den Sand vom Grün trennen, und fantasieren über Wildpferde, Gauchos und interessante Reisende.

Am Mittag trifft der argentinische Jetset ein, und die Stille des Vormittags ist dahin. Das Leben spielt sich nur noch auf zweihundert Quadratmetern ab, in den Mauern von La Huella, einer Strandbar, die im Internet in noch höheren Tönen gepriesen wird als der Club 55 in St. Tropez. Der Besitzer ist groß und dünn, und seine dunklen Locken gehen an den Schläfen in graue Haarbüschel über. Einen Schnurrbart hat er auch. Ich mag Schnurrbärte nicht, aber ihm steht er.

Die Wodkagläser werden nach Lust und Laune gefüllt, ebenso die Pommes- und Salatteller. Es sind mehr Gäste da als Stühle – ein Sehen und Gesehenwerden. Ich beobachte attraktive Dandys und abgehalfterte Hippies, Models und alte Damen, Polospieler und Künstler. Jeder kommt als derjenige hereinspaziert, der er sein möchte.

Eine der Frauen hat ein Tattoo am Rücken, knapp oberhalb ihres Bikinislips: LOVE IS A CHOICE. Sie hat lange, schlanke Beine, und ihre Füße sind voller Sand. Sie strahlt Ruhe und Zufriedenheit aus, und ihre ganze Erscheinung hat etwas Sonniges.

Die Menschen sind überall auf der Welt gleich. Männer, die sich in enge Anzüge zwängen oder aber in uralten, abgeschabten Jeans herumlaufen, um sich von anderen abzuheben. Frauen, die sich auf der Toilette die Lippen nachziehen und ihre falschen Brüste andrücken oder aber ihr Haar lässig ins Gesicht fallen lassen. Hier, an der Südspitze Uruguays, sind die Spielregeln nicht anders als anderswo auf der Welt, und ich bin heute Zielscheibe eines – wie soll ich sagen – etwas älteren Mannes. Die Pfeile liegen bereit.

Er entdeckt mich, betrachtet mich, lacht mir zu. Gerade habe ich daran gedacht, mein Abo auf Ü40 in eines auf Ü30 einzutauschen, da bekomme ich von einem Ü50er eine Rose zu meinem Kaffee. Tja, was soll ich sagen, die Jahre stehen ihm gut. Mit warm errötenden Wangen – eine Folge der plötzlichen Glut, die durch meinen Körper zieht – blicke ich zu ihm hinüber. Wahrscheinlich besitzt er einen Rosengarten.

Er winkt mir zu.

Ich lächle.

Er winkt mich zu sich.

Ich stehe auf. Wenn Liebe eine Entscheidung ist, dann ist Glück auch eine Entscheidung.

So durchsichtig sie auch sein mag – Aufmerksamkeit hat eine größere Wirkung, als gut ist. Ganz unschuldig umfasst Mister Dandy mit beiden Händen mein Gesicht, gibt mir einen Kuss auf die Nase und stellt sich als Pancho vor. So etwas mag ich: ein Mann, der weiß, was er will, und der das auch zeigt. Ein Mann, der kerzengerade einen Raum betritt. Ein Mann, der auffällt, aber nicht unangenehm. Ein Mann, der keine Spielchen nötig hat, um das Interesse einer Frau zu wecken, sondern der einfach nett ist. Einfach nur nett. Und ein bisschen machomacho. Das finde ich sexy. So wie ich auch Männer in Oldtimern und Männer in Uniform sexy finde. Und schon wird man zur Dartscheibe des nicht mehr ganz taufrischen Mannes.

Mister Dandy ist groß und schlank, aber nicht dünn. Er trägt einen Schal um den Hals wie einen engen Kragen und darüber ein Gewirr brauner und grauer Haare. Dazu ein breites Lachen. Ein Charmeur mit spontanen, heiteren Bewegungen, die einen weichen, vielleicht sogar einsamen Zug an ihm verraten. Graugrüne Chucks ohne Schnürsenkel. Als sei er direkt einem Schwarz-Weiß-Foto mit den

französischen Ikonen der Sechzigerjahre entsprungen. Ai, ai, ai. Ganz mein Beuteschema. Und wie.
Zusammen mit den Caipirinhas kommen zwei zusätzliche Stühle für Tanya und mich. Der geheimnisvolle Mann nimmt sie dem Ober galant ab. Dann stellt er mich dem Rest der Tischrunde vor. Nachdem ich Platz genommen habe, blicke ich einen langen Moment in die Augen von Macarena. Macarena ist groß und zartgliedrig. Ihre gescheitelten blonden Locken fallen ihr über die Schultern herab. Sie hat die Beine auf den Stuhl hochgezogen, und ihre Hände verschwinden in den Taschen eines grauen Sweatshirts. In ihren alten Jeans, den weißen Turnschuhen und der weißen Bluse, von der ein Streifen unter dem alten Pulli hervorlugt, ist sie ganz und gar Frau. Manche Frauen haben das so an sich: In ihrem Augenaufschlag liegt so viel, dass ihre Kleidung sich ihnen mühelos anpasst. An ihnen sehen selbst irgendwelche alten Klamotten – Baggy-Jeans und ein riesiges Hemd – noch elegant aus. Mir selbst sind Sommerkleider und Stöckelschuhe lieber, alte Turnschuhe sind nicht gerade mein Fall, aber das ist nun mal Geschmackssache.
Neben Macarena sitzt Osvaldo. Er hat ein Gesicht, wie ein Karikaturist oder Comic-Zeichner es sich nur wünschen kann. Es hat keinerlei Bewegung nötig, um zum Leben zu erwachen, so ausdrucksvoll und offen sind die Züge. Er trägt eine seltsame Brille, eine seltsame Mütze, eine seltsame Mischung aus bunten Secondhandsachen und unauffälligem Designerchic. Seine Levis haben mehrere Risse, seine – natürlich – Chucks sind rot, sein Jackett ist dunkelgrün. Osvaldo hat wie Roman ein Restaurant in Buenos

Aires und außerdem noch eines in La Barra, fünfzehn Kilometer entfernt von hier, wo Panchos Knie sich an meines drückt.

Die nächste Runde Caipirinhas ist bestellt. Tanya vertieft sich mit Macarena ins Gespräch, ich mit Pancho. Vom ersten Augenblick an berühren sich unsere Beine. Jedes Mal wenn er auflacht oder ich mich vorbeuge, um einen Schluck von meinem grünen Drink zu nehmen, reiben sie aneinander.

Die meisten Begegnungen sind nur willkommene Unterbrechungen der Welt, wie man sie in dem Moment sieht. Manche Begegnungen aber überdauern diesen Moment, sie bleiben noch tage-, monate-, mitunter jahrelang haften und machen die Linien unseres Gesichts weicher. Vielleicht liegt es an der Rose, an der Umgebung, an den Caipirinhas. Vielleicht liegt es auch an Panchos unglaublich anziehendem argentinischem Äußeren, meinen wirren blonden Haaren und meiner sonnengebräunten Nase. Was immer es ist – jeder am Tisch merkt sofort, dass wir voneinander bezaubert sind. Alles verengt sich auf den kleinen Winkel, der Pancho und Sophie heißt. Wie ein Hubschrauber lande ich auf seinem Schoß, lasse die weiten Strände Uruguays hinter mir und werde gefangen genommen von der Magie dieser Begegnung, die meine kindlichen Fantasien von Prinzen, Drachen und Prinzessinnen zum Narren hält. Ich weiß nur noch nicht, ob ich auf dem Schoß des Prinzen oder auf dem des Drachen sitze.

Wir lachen mit den Augen, den Mundwinkeln, unseren Gesten. Beim Reden merke ich, wie befreiend es ist, die Wahl zu haben, was ich von mir zeigen will und was nicht.

Niemand hier weiß von meiner Krankheit, meinen Perücken, meinem Buch. Die Etiketten hängen zu Hause wie teure Preisschildchen an meinem Namen. Diese drei Wörter scheinen unauslöschlich in meinem Lebenslauf gedruckt zu stehen, so sehr bestimmen sie – noch immer – meine Identität. Wie Marionetten aus einer Puppenkiste, wie Stabfiguren aus dem javanischen Schattenspiel tanzen wir durch die Köpfe der Menschen um uns herum, so wie sie es sich vorstellen. Wenn die Vorstellung lange genug währt, übernehmen wir diese Identität auch noch, die sich in all den Köpfen gebildet hat.
Hier weiß auch niemand, wie es ist, nachts durch die stillen Grachten nach Hause zu gehen, umgeben von Lichtern, die direkt aus Paris zu kommen scheinen. Mit der Fähre vom Stadtzentrum nach Amsterdam-Nord zu fahren, den Wind in den Haaren. Mit einem hohen Mast vor der Tür und dem Knattern des Segels im Ohr aufzuwachen.
Alle zehn Minuten findet Mister Dandy einen Vorwand, um mir durchs Haar zu streichen oder mir einen Kuss auf die Stirn zu drücken. Er erzählt und erzählt. Visitenkarten, Titel – alles ist möglich, wenn man einander fremd ist und vor allem: fremd bleibt. Seine Geschichten enttäuschen mich. Ich weiß nicht, ob ich sie als Visitenkarte oder als Einführung in sein Leben betrachten soll, aber meine Wangen sind inzwischen so warm, wie die Rose rot ist, und so gönne ich ihm gern den Vorteil des Zweifels. Denn wenn man den Zweifel nicht zulässt, dann ist da gar nichts. Wie schon gesagt: Aufmerksamkeit ist stärker als Enttäuschung, erst recht, wenn unser Verlangen nach einer Rose uns längst erobert hat.

Nach drei Caipirinhas sitze ich in einem silbernen alten Mercedes mit roten Ledersitzen und einem weißen Armaturenbrett. Ich weiß nicht, wohin wir fahren, aber auch das ist mir ziemlich egal. Ich genieße die Szene, in die wir hineinbrausen, viel zu sehr, um mich um Wegweiser zu kümmern.

Die Filmszene beginnt mit einer Aufnahme des Armaturenbretts. Während Pancho auf Spanisch an mir vorbeiredet, gleiten meine Augen darüber. Aus einem alten Radio stehen mehrere kleine Drehknöpfe hervor. Der Tacho geht bis hundertachtzig. Der Zeiger des Drehzahlmessers rechts daneben steht zwischen drei und vier. Das Lenkrad ist mindestens so alt wie der Mann neben mir – und auch genauso schön, so dass man die Hand darauflegen möchte. Ein Museumsstück also, keine Automatikschaltung. Der Schalthebel ist schmal und hoch, wie im Landrover, die Handbremse ist irgendwo unter dem Armaturenbrett versteckt.

Ich liebe alte Autos. Mehr noch als Schwarz-Weiß-Fotos von klassischer Architektur entführen sie mich in eine andere Welt, in der sich verliebte Paare unter einer großen Filmleinwand eng aneinanderschmiegen. Autos in Formen und Farben, die zu schön sind, um sie in einer Garage zu verstecken. Es ist die Welt amerikanischer Filme aus den Achtzigern, in denen das Happy End kein Traum ist, sondern eine Selbstverständlichkeit. Kurz bevor das Licht wieder angeht, platzen alle schier vor Glück.

»Sophie?«

»Si.«

»Bist du noch da?«

»Si.«

Pancho redet weiter, und wieder gleite ich im Rhythmus seiner Geschichten in die Kulissen, durch die wir in meinem Kopfkino fahren. Er sagt irgendetwas von harter Arbeit, die ihn hierhergebracht habe, von einem Haus am Strand, das er gerade baue. Er erzählt, ich blicke hinaus. Die Fahrt erregt mich. Er sitzt am Steuer, ich werde chauffiert. Man versinkt so leicht in den Geschichten eines Mannes.

Auf dem Grundstück angekommen, zeigt er mir jeden Quadratmeter, auf dem gebaut wird oder noch gebaut werden soll. Charmeur, der er ist, führt er mich zu einem waldigen Fleckchen an einem Fluss, der ins Meer mündet, und tritt dicht hinter mich. Das Laub unter seinen Füßen raschelt leise, Zweige knacken. Ich fühle die Wärme seines Körpers langsam näher kommen. Sein Atem wärmt meinen Hals, der im feuchten Nachmittagswind kalt geworden ist. Er streckt die Arme über meine Schultern zum Horizont hin, der heute nicht als gerade Linie das Meer vom Himmel scheidet, sondern als gezackte Grenze an den aufgewühlten Wellen klebt. Er pustet mir in den Nacken. Es kitzelt, und ich schaudere.

Er pustet noch einmal. Ich schaudere wieder. Sein Atem wird immer gefühlvoller. Lange bleiben wir so stehen, und während sich die Stille vertieft, berührt sich unser beider Atem sacht, in einem Rhythmus, den nur wir spüren können. Nichts will ich an diesem Moment verändern, und zugleich will ich alles daran verändern. Ich will Pancho sanft küssen, ich will ihn wild küssen. Ich will ihn zärtlich an den Haaren ziehen, ich will genommen werden.

Er kommt mir zuvor. Seine weichen, feuchten Lippen legen sich auf meinen Hals. Gänsehaut pur. Sanft beruhigt

er die Härchen in meinem Nacken und streicht sie glatt. Wieder landet ein Kuss auf meinem Hals. Und wieder. Und wieder. Ich kann die Küsse gar nicht schnell genug bekommen. Ich lehne mich zurück und bette den Kopf an seine Schulter. Vorsichtig lasse ich meinen ganzen Körper in die Wärme dieser Wölbung sinken, und an seiner Schlagader höre ich sein Herz klopfen. Könnte ich nur in Momenten gefangen bleiben. In Momenten wie diesem, in denen meine Lust all meine kleinen Schmerzen und Kümmernisse, die ich überallhin mitnehme, überspült.
»Hier kommt ein Schreibhäuschen für dich hin.« Sein Kopf ist nicht weit von meinem entfernt.
Ich drehe mich zu ihm um. »Alter Romantiker.«
Er lacht, und ich sehe, dass er die vierundzwanzigjährige Frau genießt, die vor ihm steht und ihm direkt in die Augen blickt. Er antwortet damit, dass er mir durch die Haare fährt, die salzig und strohig sind vom Meer und blond von der Sonne. Dann küsst er mich auf die Schläfe, nimmt mich an der Hand und führt mich zum Wagen zurück. Wieder eine Fahrt, deren Endstation ich noch nicht kenne. Wir biegen von der Straße ab, auf eine Rasenfläche, um die sich ein weißer Zaun zieht. Wir sind in seinem Haus, wie sich herausstellt, als er den Schlüssel ins Schloss steckt.
Das Haus besteht mehr aus Glas als aus Mauern und ist nicht groß. Im Innern ist, von ein paar Kissen, Gläsern und Bildern an den Wänden abgesehen, alles weiß. Pancho schenkt mir ein Glas Wasser ein und zeigt mir einige Entwürfe auf dem Tisch. Es sind Pläne des Neubaus, den ich eben gesehen habe. Stärker beeindruckt von seinem jetzigen Haus als von seinem Traumhaus, gehe ich durch

den Raum auf der Suche nach etwas, woran meine Aufmerksamkeit sich ein paar Sekunden lang festhalten kann. Bald wandern meine Augen zu Pancho zurück. Er fordert mich heraus, aber er verhält sich abwartend. Er flirtet, aber er wartet auf meine Antwort. Die will ich ihm noch nicht geben, beschließe ich. Der Moment ist mir zu kostbar, um ihn jetzt schon zu beenden. Wie einen Faden dehnen wir ihn, jeder zieht an einem Ende, so dass er immer länger wird, bis die Spannung so groß ist, dass er reißt.

Wir küssen uns. Genau so, wie ich es mir noch vor ein paar Minuten vorgestellt habe. Dann nimmt er mich an der Hand und führt mich wieder nach draußen.

Essen. Er schenkt mir Wein nach, lässt mich von seinem Teller kosten und lacht über mein improvisiertes Spanisch. Damit die Nacht noch etwas länger dauert, erkläre ich ihm, dass ich noch lange nicht nach Hause will. Er fährt mit mir ins Casino nach Punta del Este, das im Gegensatz zu dem, was die Hochglanzprospekte behaupten, völlig zugewuchert ist von hässlichen Hochhäusern, billig wirkenden Einkaufsstraßen und Touristenbussen. Das sonnige Punta del Este ist nicht mehr als ein sicheres, luxuriöses Urlaubsparadies für Besucher, die so viel Zeit im Schönheitssalon verbracht haben, dass ihnen ein Stück unberührter Natur Beklemmungen verursacht.

Im Casino angekommen, spiele ich eine Zeitlang mit Panchos teuren und meinen billigen Chips, tausche da und dort einen Stapel aus und mache eine schöne Farbpalette daraus, während ich am Roulettetisch an Kleingeld gewinne, was Pancho an Großgeld verliert.

»Du hast heute kein Glück, Panchito, hör lieber auf.«

»Ich weiß, *mi bombón*. Wer Glück in der Liebe hat, der hat kein Glück im Casino.«
Seine Worte haben nichts Falsches oder Geheucheltes, aber sie sind gefährlich, denn sie sind so flüchtig wie der Moment, der in einem langen Rausch vorübergleitet. Er küsst mich auf den Mund, lange. Ich erwidere den Kuss. Seine Körpersprache verrät sein Verlangen, und auch ich kann meines nicht länger verbergen. Als er mich zu Hause absetzt, küssen wir uns wie Teenager, die das angefachte Feuer ihrer jungen Körper gerade erst entdecken. Sein Alter existiert nicht mehr, meines ebenso wenig. In unserem Verlangen nacheinander sind wir bloß noch ein Mann, der lieben will, und eine Frau, die geliebt werden will.
Alles steht still, nur wir bewegen uns. Kein Geräusch ist zu hören, nur sein Atem und meine Antwort. Die Welt riecht nach Eau de Cologne und Motoröl, sonst nichts.
Plötzlich will ich aussteigen, voller Angst, der Abend könnte sich in der Nacht verlieren. Betrunkener Sex würde diesen momentan noch so vollkommenen Abend auf den Stapel der Enttäuschungen werfen, die ich unterwegs angesammelt habe. Dort bleiben sie liegen, in einem dunklen Winkel meiner Gedanken, um als ein wirrer Haufen mit meinen übrigen Erinnerungen zu verstauben.
Pancho ist verwundert, als ich Anstalten mache auszusteigen. Ich auch. Es ist so schön warm im Auto. Ich sehe mich selbst, wie ich mich vorbeuge, um meine Tasche zu nehmen. Ich sehe, wie sich meine Beine von links nach rechts drehen, nach draußen. Ich sehe, wie ich mich zu einem letzten Kuss hinüberbeuge, und ich spüre, wie kalte Luft von draußen hereinströmt und mir an die Kehle greift.

Erschrocken über die Kälte, die mich erwartet, fürchte ich, den Moment an die Zeit zu verlieren. Die Angst zieht mich zurück in Panchos hungrige Umarmung und presst meinen warmen Leib eng an seinen. Ich genieße sein Verlangen nach mir noch mehr als seinen fremden, nackten Leib an meinem.
Der Wein trübt meine Gedanken. Wie Feuerpfeile schießen sie durch meinen Kopf. Chaos. Die Kluft zwischen Wissen und Tun wird immer breiter. Irritierend finde ich das. Dann höre ich eine Autotür zuschlagen.
Ich stehe am Straßenrand.
Allein, in der Kälte.
Will ich das?
Ja, Sophie, das willst du. Die Stimme, die in manchen Büchern mein Gewissen heißt, in anderen meine Schizophrenie und in meinem Herzen Chantal, redet mir aufmunternd zu und führt mich über die knarrende Veranda der *estancia*. Die Stimme steckt mich ins Bett, das sich kalt und feucht anfühlt, und schläfert mich ein. Während ein Schmetterling um mich herumtanzt, schickt das Kaminfeuer seine letzten Funken sacht knisternd in die Luft.

Die Ereignisse summen wie ein hungriger Fliegenschwarm weiter um mich herum. Die Tage ziehen mit all ihren kleinen Veränderungen vorüber, ohne diesen einen Tag loszulassen. In jedem Mann sehe ich ein Stück Timo. In jeder schönen Begegnung ein Stück Angst, dass alles zu Ende geht. Auf dem Friedhof von Recoleta betrachte ich Evita Peróns Grab, doch ich sehe Chantal vor mir. Und in dem Namen Recoleta lese ich Heidelberg.

Ich renne so schnell ich kann, aber ich entferne mich keinen Schritt von dem, wovor ich am schnellsten wegzulaufen versuche. Überallhin nehme ich die Bücher von meinem Nachttisch mit. Und überall versuche ich, sie neu zu schreiben. In den Armen eines gutaussehenden Mannes, der vorbeigeht, in den glänzenden Urlaubsprospekten Argentiniens. In den sinnlosen Drinks allein an einer Bar oder den ebenso sinnlosen Cappuccinos in einem Café zu einem ebenso sinnlosen Zeitpunkt des Tages. In der Musik des Tangos, dem aufspritzenden Wasser am Rumpf des Schiffs nach Uruguay, in den Delfinen, die uns folgen. Selbst in Tanyas Lachen, bei dem mir jedes Mal warm ums Herz wird. Doch auch da gelingt es mir nicht, die Leere zu füllen, die mich begleitet, seit ich Timos Tür hinter mir zugezogen habe. Nicht einmal jetzt, in der Lust des Argentiniers. Könnte ich diese Leere nur abends zusammen mit meinen Kleidern ablegen und in die Ecke werfen. Könnte ich sie nur zusammen mit meinem Lieblingskleid auf den Müll werfen, mit einem endgültigen Knoten darin.
Meine Sehnsucht nach einem neuen Leben ist erwacht, und damit ist die Sehnsucht nach meinem alten Leben eingeschlafen. So lange der Schlaf eben währt. Vielleicht ist eine gescheiterte Beziehung erst dann wirklich vorbei, wenn eine neue auftaucht – und sei es nur in Form einer wunderschönen Nacht. Ich klappe Timos Buch zu, noch ehe ich es ausgelesen habe. Ich kann es kaum erwarten, den Roman, sobald ich wieder zu Hause bin, vom Nachttisch zu nehmen und auf das Bord mit den ausgelesenen Büchern zu stellen.

Als ich zum letzten Mal an einem der Strände Uruguays entlanggehe, blicke ich noch einmal zurück. Die Rückseite des Strandkorbs, in dem ich den ganzen Tag gelegen habe, zeigt einen blauen Schmetterling. Die Welt scheint sich immer mehr mit dem zu füllen, wovon mein Kopf voll ist. Ich berühre den Schmetterling noch rasch, ehe ich mich umdrehe.

Lächelnd frage ich Tanya, ob sie glaube, dass Chantal noch ein bisschen mit mir mitlebt. Manche Fragen stellt man nicht, weil man die Antwort wissen will. Manche Fragen stellt man, um die Antwort in eine eigene Wahrheit zu kleiden. Mich wärmt der Gedanke, dass Chantal heute durch mein Erleben die heiße Sonne auf ihrer Haut gespürt hat, während sie mit den Füßen im kühlenden Wasser des Meeres stand.

»Ganz bestimmt.« Tanya sagt es mit einer Überzeugung, die etwas von einem früheren Verlust verrät. Ob sie schon eine Entscheidung getroffen hat?

»Wirst du's tun?«

Sie schweigt einen Moment, dann antwortet sie: »Ja, ich werd's tun.« Sie starrt nach vorn, dorthin, wo der Himmel das Meer berührt. Ihre Haare wehen an ihrem Gesicht vorbei, ihr Blick folgt ihnen.

»Bald?«

»Sobald wir zurück sind. Ich denke, ich brauche ein paar Wochen, um alles in Buenos Aires abzuschließen und in Bariloche in Gang zu setzen.«

»Soll ich mitkommen?«

Sie wendet sich mir zu. Nach all ihren Reisen kommt es nicht überraschend, dass sie aus Buenos Aires weggeht,

auch wenn wir deswegen beide etwas angespannt sind. »Ich glaube, das mach ich besser allein.«
Ich verstehe genau, was sie meint. Wenn das Bild im Kopf fertig gemalt ist, kann man die Meinungen oder Ideen anderer nicht mehr gebrauchen.
Wir haben keine Vergangenheit, die uns verbindet, aber wir haben eine Zukunft. Von der Zukunft wollen wir beide dasselbe. Wir wollen beide, am liebsten noch heute, ein anderes Leben anfangen, in dem unsere Vergangenheit kein Hindernis ist, ein Leben, dem wir in unseren Gedanken Gestalt geben. Ich als Reaktion auf alles, was geschehen ist, Tanya als Reaktion auf alles, was nicht geschehen ist. Ihr Zug hat zu lange an einer Zwischenstation haltgemacht, während die Uhr weitertickte. Das Meer an Zeit, in dem sie sich so lange aufgehalten hat, ist unbemerkt zu einem See geschrumpft. Jeder Schritt, den sie tut, wird mit jedem Tag ein wenig endgültiger, bewusster.
Wenn es so etwas wie einen Lebenszyklus gibt, in dem unerwartet Wendepunkte auftauchen wie in Nebel gehüllte Stationen entlang des *railway of life,* dann ist Station Nummer fünfundvierzig zu dem Wendepunkt geworden, den Tanya aus der Ferne nicht sehen konnte, den sie erst jetzt, auf der Fahrt zur nächsten Station, mit einem Blick zurück aus dem Zugfenster durch die Nebelschleier hindurch erkennen kann.
Ihre Welt sieht anders aus. Tanya betrachtet die Welt nicht nur anders, die Welt betrachtet auch sie anders. Sie hat einen bestimmten Weg zurückgelegt, der dort endet, wo Mädchenträume aufhören. So viele Premieren hat sie schon erlebt. Ihre erste Menstruation. Ihre erste Liebe. Ihr

erstes selbstverdientes Geld. Ihre erste eigene Firma. Ihr erstes, ganz nach ihren Vorstellungen gestaltetes Zuhause. Mit dem Verstreichen dieser Premieren haben sich ihre Wünsche nach und nach verändert, zusammen mit ihrem Körper. Sie ist in einer anderen Zielgruppe angelangt, in einem noch fremden Winkel, dem einer anderen Generation.

Die Station lag im dichten Nebel verborgen, dennoch ist Tanyas Entscheidung wegzugehen Ergebnis vieler nach und nach aufgeschichteter Momente. Unwillkommene Geburtstage, einsame Jahreswechsel, Schwangerschaften, zahllose Geburtsanzeigen, endlose Scheidungen. Sie glaubt nicht daran, dass man die Zeit einfach so dahinplätschern lassen kann. Zeit ergreift man mit beiden Händen, füllt sie mit allen Träumen, die man hat, und biegt sie nach dem eigenen Willen zurecht. Zeit ist nicht etwas, dem man sich still und leise unterordnet und das man schweigend an sich vorüberziehen lässt, bis eines Tages alles, was man nicht getan hat, in der Erinnerung mehr Raum einnimmt als das bisschen, was man getan hat. Eine Wahl ist dazu da, getroffen zu werden, nicht dazu, sie sich entgleiten zu lassen.

Tanya ist fünfundvierzig, als sie an der Schwelle der Veränderung steht. Ich bin vierundzwanzig, als ich mich an derselben Schwelle befinde, nachdem mein Zug zu lange und zu schnell dahingerast ist. Beide sind wir auf der Suche, beide sind wir entschlossen zu finden. Zwei Frauen, zwei Weggabelungen, ein Gedanke. Wir gehen weiter, den Strand entlang. Zurück nach Argentinien, aber beide vor einem Neuanfang.

Leben heißt sich verändern,
und das ist eine Lektion, die uns die Jahreszeiten
immer aufs Neue erteilen.

PAULO COELHO

Buenos Aires ist nicht der einzige Ort, an dem einem die Überraschungen nur so um die Ohren fliegen. Im Westen Argentiniens, nahe der Grenze zu Chile, ist die Landschaft grün, blau und weiß. Wälder, Seen, Berggipfel.
Nicht weit von Bariloche, in Nuequem, hat Tanya mit Hilfe eines englischen Freundes, der sich schon vor Jahren in den Anden niedergelassen hat, ein altes Landhaus gefunden. Viele Familien waren gezwungen, ihre *estancias* zu verkaufen. Das Haus liegt in einem Tal, nur zwanzig Minuten von der Stadt Bariloche entfernt. Tanyas Blick geht nun nicht mehr auf moderne Hochhäuser und große Speicher im Hafen von Puerto Madero hinaus, sondern auf offenes Weideland und die ersten Gipfel der Anden. Aus der Küche schaut sie auf ihren eigenen, gerade mal dreißig Kilometer entfernten Berg. Der Wohntrakt der Ranch ist in gutem Zustand, aber Ställe und sonstige Bauten sind alt und verfallen. Die letzte Bewohnerin ist eines Tages auf ihrem Pferd davongeritten und nie mehr wiedergekommen. Das Pferd hat man Tage später an einem Fluss gefunden, die Frau nicht. Die Suche ist noch im Gange, niemand weiß, was passiert ist, und die wildesten Geschichten machen die Runde. Man vermutet, dass sie, als sie das Pferd ausruhen und trinken ließ, gestürzt und unglücklich aufgekommen ist. Sensationsgierige Leute wollen einen glauben

machen, die Frau sei von einem der wilden Tiere angefallen worden, die die ländlichen Gebiete Argentiniens bevölkern. Es gibt immer wieder Gerüchte von Bären und hungrigen Wölfen, aber solche Geschichten sind tief im dichten Wald versteckt.

Tanya passt sich ihrer neuen Umgebung so mühelos an wie ein Baum dem Wechsel der Jahreszeiten. Von Tag zu Tag kann sie den Strudel der Aktivitäten, in den sie irgendwo zwischen zwanzig und vierzig geraten ist, weiter hinter sich lassen. Wie ihre Freundin Maria hat sie so oft die Umgebung gewechselt, dass keine Überraschungen mehr zu erwarten sind. Dennoch fühlt es sich anders an, endgültiger vielleicht, als sie ihre Sachen auspackt und einen neuen Platz dafür sucht, immer mit dem Gedanken, dass sie die Dinge nie mehr von dort wegnehmen wird.

Nach einigen Tagen Aufräumen, Instandsetzen und Saubermachen gleitet Tanya vorsichtig in die Badewanne und überlässt sich der Wärme des schaumbedeckten Wassers. Als sie den Hahn zudreht, schließt sich die Stille um sie wie zwei fremde Arme. Ein paar Minuten lang gibt es nichts anderes, nur diese unbekannte, beängstigende Stille, bis sie die Augen schließt und sich auf die Geräusche konzentriert, die sich darin verbergen. Sie hört das Rascheln der Blätter, das leise Hin und Her der Zweige im Wind. Sie hört den Winter nahen. Ihr Körper entspannt sich, ihre Gedanken kommen zur Ruhe, die Stimme in ihrem Kopf, die mit den Jahren immer lauter wurde – sie hört sie kaum noch. Alles in ihrem Gesicht beginnt leise zu lachen. Ihre Brauen, die immer mehr zum Strich geworden sind, runden sich wieder. Ihre Wimpern beginnen sich nach oben zu wölben, ihre grünen Augen zu funkeln. Falten glätten sich, ein Leuchten erscheint auf ihren Zügen, und ihre blassen Wangen färben sich rosa.

Der Hauch von Müdigkeit unter ihren Augen verschwindet, und ohne dass man es mit bloßem Auge sehen könnte, umspielt ein Lächeln ihre Lippen, das ihre Mundwinkel kräuselt und die Lippen rötet. Wie neugeboren fällt sie in einen leichten Schlaf.

Das Telefon klingelt, aber sie hört es nicht.

Störende Gedanken an E-Mails, die geschrieben, an Dinge, die erledigt werden müssen, tauchen auf, doch je heftiger sie drängen, desto energischer werden sie weggeschoben von ihrem Bedürfnis nach einer Freiheit, die sie lange nicht mehr gespürt hat. An der Oberfläche hat Tanya schreckliche Angst vor dem unsicheren neuen Weg, der vor ihr liegt. All die Leinen, die sie gekappt, ihr ganzer Kundenstamm, den sie in den vergangenen Jahren aufgebaut hat – alles weg. Dafür gibt es etwas Stärkeres als diese Angst, etwas, das tiefer in ihr wurzelt als der Wunsch, alles rückgängig zu machen, noch ehe es Wirklichkeit werden konnte. Unter all ihren Fragen und Unsicherheiten spürt sie die Flamme eines Vertrauens, ein Gefühl, das stärker ist als ihr Bedürfnis nach Ruhe und Stabilität. Eine unscheinbare Stimme, die selbst in ihren Träumen nicht verstummt. Dieses ungreifbare, unerklärliche Gefühl scheint ihr mehr Antworten und mehr Sicherheit zu geben als die kleine Geldsumme, die sie in den vergangenen Jahren angespart hat und als eine Zahl auf ihrem Bankkonto vorweisen kann. Sie schöpft Ruhe aus etwas, das sie nicht fassen oder erklären kann. Jeder Schritt, den sie tut, passt genau, jede neue Tür, die sie öffnet, kommt ihr bekannt vor, alles ist an seinem Platz. Ihr Bademantel, ihre warmen Socken, ihr Arbeitstisch, die Teller und Tassen. Selbst den hohen, leeren Räumen, die in ihrer Kahlheit scheinbar danach verlangen, gefüllt zu werden, fehlt es an nichts.

Tanya ist zu Hause.

Ein Auto hupt, doch sie blickt nicht auf. Das Wasser kühlt allmählich ab, aber nichts setzt sie in Bewegung, bis es an der Tür klopft. Sie schreckt auf und bleibt einige lange Sekunden aufrecht in der Wanne sitzen. Wieder klopft es, und nun ruft auch jemand.

»Tanya?«

Sie erkennt die Stimme ihres englischen Freundes James und steigt aus der Wanne. Schnell schlüpft sie in einen weiten, warmen Bademantel und ruft zurück: »James?«

»Ja, ich bin's.«

Sie öffnet die Tür. Ein kalter Luftstrom kommt mit James herein.

»Wo warst du denn? Ich steh hier schon seit zehn Minuten vor der Tür.«

»Im Bad.«

»Oh, sorry. Ich glaub, ich hab jemanden für dich gefunden. Juan, einen Jungen aus der Nachbarschaft. Er sucht schon länger eine Bleibe.«

»Und?«

»Vielleicht könnt ihr einander helfen. Er kann dir dabei zur Hand gehen, deine alte Ranch zu deinem eigenen kleinen Palast zu machen. Ich glaube, ein Paar starke Hände wären nicht schlecht. Du kannst ihm im Gegenzug eine Wohnung anbieten. Immerhin hast du mehr Zimmer als Sachen.«

Tanya mustert ihn skeptisch.
»Das ist hier auf dem Land so üblich, Tan. Man hilft sich gegenseitig. Im Ernst, ich glaube, das wäre für euch beide eine gute Lösung. Ich würde dir ja nicht irgendjemanden auf den Hals schicken.«
»Hast du schon gegessen? Ich hab ein ganzes Huhn im Topf, allein schaff ich das nicht.«
»Aha, hab ich doch richtig gerochen. Soll ich Juan dazuholen? Es reicht doch bestimmt für drei.«
»Damit warte lieber noch ein bisschen.« Tanya gibt James ein Messer und zeigt ihm das Huhn auf dem Herd. Dann stellt sie die wenigen Teller, die sie schon ausgepackt hat, auf den Tisch und öffnet lächelnd eine Flasche Wein.

*

Und ich? Ich schlafe ein, um frisch und voller Energie wieder aufzuwachen und meine eigenen Träume in Angriff zu nehmen, anstatt sie schlafend zu erleben. So wie der Wind des Unglücks für die einfältige Eréndira zu wehen beginnt, als sie in der Novelle von Gabriel García Márquez ihre Großmutter badet, so begann der warme Westwind für mich zu wehen, als Tanya mir am Strand leicht in die Hand kniff und ein Stück ihrer Lebenslust dort zurückließ. Diese Lebenslust, die über die Ebenen Bariloches weht, sie weht nun kräftig weiter, und zwar in meine Richtung. Der letzte Herbstwind hat den Sommer endgültig fortgeblasen, und der Winter verbirgt sich in jedem einschlummernden Baum, um die Farben des warmen Spätsommers jederzeit mit einer dicken Schneeschicht zudecken zu können. Die letzten Herbstblätter, knallrot und knallorange, hängen einsam an den kahlen Zweigen, in einer Luft, die immer länger dunkel bleibt. Mit diesen jahreszeitlichen Veränderungen wird mein Dasein fern von daheim mit jedem Tag ein Stück greifbarer.

Von Tanyas Mut angesteckt, stehe ich auf, mit einer leise kribbelnden Unruhe, die bei den Zehen anfängt und wie eine Schar Ameisen an mir emporkrabbelt, noch ehe die Sonne die Geheimnisse der Nacht enthüllt hat. Die Ruhe, die ich in meiner neuen Umgebung eine Zeitlang gefunden hatte, hat sich in Unruhe verwandelt, nachdem das Handeln zu einer Wiederholung früheren Erlebens geworden ist. Diese Unruhe führt mich wieder zu meinem Baum und weckt in mir die Bereitschaft, einen Ast höher zu klettern. Diesmal nicht, um zu vergessen, sondern um mich zu erinnern. Es ist der Baum, den ich noch vor meiner Abreise gezeichnet und den ich zuletzt betrachtet habe, als ich mich morgens noch so mühsam an die langen dunklen Haare – Timo ist blond – neben mir auf dem Kissen gewöhnen musste. Ich muss lachen über die kindliche Schlichtheit der Zeichnung.

Vielleicht ist alles viel einfacher, als wir denken, und es ist gar nicht so abwegig, einem Schmetterling zu folgen. Denn der Schmetterling ist einfach da, genau wie meine Gefühle und Gedanken, die manchmal lauter schreien können als die Worte, die ich ausspreche, die aber – weil ich sie nicht fassen kann – der Logik, die sehr wohl in Worte zu fassen ist, nie voraus sind.

Ein Neuanfang verlangt mehr als nur einen Terminkalender für die Tage, die vor einem liegen. Er verlangt einen

Plan. Einen Masterplan, eine hieb- und stichfeste Logik. Mir fehlt es an beidem, einem Terminkalender ebenso wie einem Plan, aber der Anfang ist gemacht: im Internet, bei einem Flugportal. Ich gehe nach Rio – ohne einen Grund, eine Erklärung oder Argumente dafür parat zu haben. Und schon gar keine hieb- und stichfeste Logik. Ich gehe nach Rio. Einfach weil ich nicht recht weiß, was ich mit meinem leeren Terminkalender anfangen soll, ihn aber auch nicht einstauben lassen will. Zwischen den Flugangeboten hatte ich meine Wahl schnell getroffen. Als ich die verschiedenen Zielorte anklickte, nahm mich plötzlich ein kleiner blauer Schmetterling mit über den Bildschirm. So flog meine Maustaste nach Rio. *Rio it is.* Wie gesagt: Die Logik fehlt noch.

Nach einem Stadtspaziergang mit den Hunden klopfe ich bei Anna, die über mir wohnt, an die Tür, für eine Tasse Mate und ein gutes Gespräch. Sprich: einen Monolog über ihren verstorbenen geistesgestörten Ehemann und ihre drei Nahtoderlebnisse. Nicht dass mir das besonders viel Energie oder Spaß bringen würde, aber heute ist ein Tag für andere.

Das bedeutet, dass ich die Hunde mit einem Spaziergang verwöhnt habe, auf dem sich die Blasen an meinen Fersen – von meinem missglückten Joggingversuch in Uruguay – zu klebrigen Wunden ausgewachsen haben, und dass ich mittlerweile über alles Unglück in Annas Leben Bescheid weiß. Das nimmt mir an einem einzigen Nachmittag den Wunsch, so alt zu werden, dass ich den ganzen Tag im Schaukelstuhl auf der Veranda sitzen kann.

Nach drei Kannen Mate verstummt Anna endlich und

fragt wieder einmal, was ich als junges Mädchen ganz allein in dieser großen Stadt mache. Ob das alles wirklich für ein Buch nötig sei. »Und überhaupt – es sind doch schon so viele Bücher über das Leben geschrieben worden.«
Huch. Wieder um einen Traum ärmer, entschuldige ich mich, ich müsse noch ein paar Einkäufe erledigen, und klopfe desillusioniert beim dicken Paco an, der unter mir wohnt.
»Warst du schon einkaufen?«, frage ich ihn durch die Tür.
Ja, ruft er zurück, aber es sei immer noch Platz für mehr. Dann öffnet er die Tür und nimmt Mantel und Hut von der Garderobe.
»Wohin gehen wir?«
»Wart's ab, *guapa,* ich nehm dich mit zu den leckersten Würstchen in der ganzen Stadt.« Paco streicht sich mit seinen pummeligen Händen über den Bauch, der in ein viel zu enges Hemd gezwängt ist.

*

»Nicht viel mehr als eine alte Scheune, was?«, sage ich und versuche das verdrehte Telefonkabel glatt zu ziehen.
»Also hast du die Fotos inzwischen bekommen. So alt ist es auch wieder nicht. Der Teil, in dem ich wohne, ist prima in Schuss. Außerdem gibt es einen tollen hohen Raum für den riesigen Tisch und alle deine Kinder«, antwortet Tanya.
»Und alle deine exotischen Reisenden.«
»Genau. Wann kommst du?«
»Erinnerst du dich an das alte Auto, das die ganze Zeit um

die Ecke stand, in der Defensa en Brasil? Wir sind an unserem ersten Abend dran vorbeigekommen. Du fandest es so süß.«

»Ja?«

»Das sehe ich mir morgen mal an. Wenn es in einem guten Zustand ist, komme ich in den nächsten Tagen bei dir vorbei, bevor ich nach Rio fliege. Hast du schon interessante Gäste?

»Rio?«

»Ja, Rio.«

»Heißt das, du reist weiter?«

»Ja.«

»Kommst du nicht mehr nach Argentinien zurück?«

»Nein, wohl nicht.«

»Ach je. Na ja, das haben wir natürlich die ganze Zeit gewusst, aber ...«

»Aber?«

»Du bist doch schon die ganze Zeit auf einer großen Reise.«

»Ja«, sage ich zögernd. »Jetzt erzähl mal von Bariloche. Wie sieht's aus mit deinen Gästen?«

»Ich bekomme einen Mitbewohner.«

»Was?«

»Juan. Er sucht eine Bleibe. Ich kann ihm ein Bett anbieten im Tausch gegen seine tatkräftige Unterstützung. James sagt, er ist in Ordnung.«

»Hast du ihn schon kennengelernt?«

»Ja. Er war gestern mit James zum Essen hier.«

»Und?«

»Ein netter Junge. Ich hab ein gutes Gefühl dabei.«

»Dieser Juan klingt wie die perfekte Lösung für die alte Scheune, die du gekauft hast.«
»Wie ist es in Buenos Aires?«
»Die Sonne scheint. Viel Betrieb in der Stadt. Ich fühl mich wohl hier im Haus. Trotzdem hab ich Lust, wieder wegzugehen.«
»Timo?«
»Nichts. Bestätigt nur, was ich schon die ganze Zeit wusste.«
»Komm bald. Du fehlst mir.«
»Du mir auch.«
Einen Moment lang herrscht Schweigen. So etwas haben wir einander noch nie gesagt. Meine Wangen röten sich sogar.
»Schön, was?«, sage ich dann leise.
»Was ist schön?«, fragt Tanya vorsichtig.
»Dass wir uns gefunden haben.«
Tanya muss lachen. »Ja, Sophie, das ist sehr schön.«

Tanya wird von Tag zu Tag zu einem wichtigeren Menschen in meinem Leben. Auch jetzt noch, nachdem sie schon vier Wochen weg ist und obwohl wir nur wenige Tage miteinander verbracht haben, lebt sie in meinen Gedanken ein bisschen mit mir mit. Sie hilft mir, klar zu denken und die Entscheidungen, die ich treffen muss, genauer zu überprüfen. Sie stellt mir die Worte zur Verfügung, die ich selbst nur in Bruchstücken denken kann. Sie ist mir immer einen Schritt voraus, und dadurch kann sie mich bei den Schritten, die ich selbst tun muss, um weiterzukommen, umso besser begleiten. Sie ist der Spruch, den ich gesucht habe, um wieder meinen Zauberstab schwingen zu können.

*

Am nächsten Morgen in Bariloche sieht alles mehr als anders aus. Casanova hat noch nicht an die Tür geklopft, aber der erste von Tanyas Bewohnern ist schon da. Ihre ersten vier Wochen hatte sie hinter sich, und Weihnachten stand bereits vor der Tür, als Juan zum zweiten Mal in ihre Auffahrt einbog, um seine Sachen auszuladen und bei ihr einzuziehen. Juan hat sein ganzes Leben auf dem Land verbracht, in einem kleinen Dorf bei Nuequen. Da er nicht vorhatte, jemals von dort wegzugehen, arbeitete er hart, um sich eines Tages von seinen Ersparnissen ein eigenes Haus zu bauen. Nach dem wirtschaftlichen Zusammenbruch Argentiniens im Jahr 2002, als das Kapital der Argentinier nicht einmal mehr die Hälfte wert war, beschloss er, sein restliches Geld ganz anders auszugeben als geplant: auf einer Rundreise durch sein eigenes Land.

Nach einem Jahr kam er nach Bariloche, wo er sein früheres Leben wieder aufnahm. Er ist nie mehr von dort weggegangen, und als er hörte, dass in die seit Jahren leer stehende, verfallene Ranch eine neue Bewohnerin eingezogen war, bat er James, sich einmal zu erkundigen, ob sie nicht einen handwerklich begabten Handlanger brauche. Juan wusste genau, was nötig war, um die Ranch wieder bewohnbar zu machen, und er wusste auch, dass dort genug Platz für einen weiteren Bewohner war. Er kannte Tanya nur noch nicht.

»Wenn wir die Scheune renovieren und sie dann dazunehmen, hast du Platz für acht Zimmer«, sagt Juan, während er mit Tanya über ihr Landgut geht. »Zwei links im Haus, drei rechts und drei in der Scheune, die wir zu einem kleinen Palast umbauen werden. Du kannst sogar noch ein paar Pferde halten und natürlich Hühner und Hunde.« Er zwinkert ihr spöttisch zu.

»Weißt du was, Juan, ich glaube, das mache ich tatsächlich.«

»Für ein bisschen Arbeit bist du dir doch nicht zu schade?«

»Überhaupt nicht. Je eher, desto besser. Ich kann's kaum erwarten, die Ranch zu dem Paradies zu machen, von dem du redest.«

»Schön. Wir fangen am besten mit dem Wohnhaus an, dann kannst du vielleicht schon zu Weihnachten die ersten Gäste aufnehmen.«

»Zu Weihnachten?«

»Ist das zu früh?«

»Nein, ich hatte mir nur noch gar nicht überlegt, was ich an Weihnachten mache.«

»Komm doch mit mir zu meiner Familie. Du bist immer willkommen.«

»Danke, aber ich glaube, ich bleibe lieber hier. Meinst du wirklich, die ersten Zimmer können bis Weihnachten fertig sein?«

»Ja, wenn du dich ein bisschen geschickt anstellst …«

Tanya wirft einen Blick auf den Kalender: achter Dezember. Noch sechzehn Tage, bis die Geräusche des Dorfes verstummen und die Lichter im Haus drei Tage lang brennen werden. Sie geht durchs Haus, durch den langgestreckten, hohen Raum neben der Küche. Ihr Finger hinterlässt eine weiße Spur an den staubbedeckten Wänden, und unter ihren Füßen knarren die Dielen. Diesen Raum mag sie am liebsten. Er ist leer, und zugleich ist alles da, um die weißen Wände mit Leben zu erfüllen. Ein offener Kamin mit einem breiten Sims, hohe Bleiglasfenster wie in einer alten Kirche, eine Marmortreppe, die sich zu den Schlafzimmern im ersten Stock hinaufwindet. Und das Wichtigste: ein unendlich langer Tisch, an dem unendlich viele Menschen essen können. Tanya setzt sich und fegt mit der Hand den Staub vom Tisch.

Er erinnert sie an ein Hotel im indischen Radschastan, wo sie mit Maria herumgereist ist. Der Ort, die Burg, die Atmosphäre, alles war so prächtig und zugleich so verlassen und abgelegen. Durgapur. Allein der schwere Klang des Namens versetzte sie in die märchenhafte Sphäre des Maharadscha-Palastes.

Der Speisesaal hing voller Jagdtrophäen: Tigerköpfe, Hirschgeweihe, Bären- und Zebrafelle. Da Maria und sie die einzigen Gäste waren, sahen die Augen der Tiere sie besonders durchdringend an, und der Tisch schien noch länger. Zum Spaß setzten sie sich an den Schmalseiten einander gegenüber, so weit voneinander entfernt, dass die eine nicht mehr erkennen konnte, was die andere mit der Gabel aufspießte. Genauso groß ist Tanyas neuer Tisch. Drei Minuten später läuft sie mit Schrubber und Scheuerlappen durchs Haus. Kein Raum wird ausgelassen, keine Ecke übersehen.

Langsam und lautlos verschluckt von einem Strom, der immer reißender wurde, war Tanya immer weiter von ihrem eigenen Weg abgekommen, bis sie eines Abends, als sie zu Hause auf dem Sofa in Buenos Aires saß und den Blick über den Hafen genoss, erschrocken feststellte, was dabei herausgekommen war. Vielleicht waren es die Arbeiter hoch oben in den Kränen, die sie mit dem Lärm ihrer schweren Arbeit wachrüttelten. Vielleicht war es das kleine Stück Aussicht aufs Meer, in dem so viel zu sehen war, dass sie immer länger darauf blickte, immer ein bisschen weiter. Vielleicht war es auch nur das gerahmte Foto, das an ihrem Geburtstag vor fünf Monaten entstanden war. Es zeigt sie in inniger Umarmung mit vier Freunden, alle übers ganze Gesicht lachend und mit Papphütchen auf dem Kopf. Fünfundvierzig und doch noch so weit entfernt von dem Leben, das sie sich als Zwanzigjährige ausgemalt hatte. Das Foto steht noch immer in dem Rahmen, aber die Aussicht dahinter ist nun eine ganz andere: die weite Kette der Anden.

*

Wieder stehe ich vor meinem Koffer, und wieder bin ich bereit, die Welt zu umarmen. Da ich für jedes Wetter gepackt habe, muss kaum etwas hinzu. Und in Rio brauche ich ja nicht viel mehr als einen Bikini und Flipflops.
Ateneo, die größte Buchhandlung in Buenos Aires, hat ihren Sitz in einem ehemaligen Theater, und viele Kunden bekommen Lust, einfach so darin herumzuschlendern oder sich in einen stillen Winkel zu setzen und zu lesen. Mir

geht es ebenso. Auf der Suche nach einem neuen Notizbuch wandere ich durch das alte, mit Büchern gefüllte Theater.
In der Schreibwarenabteilung gibt es jede Menge Notwendiges, das ich nie für notwendig gehalten hätte. Ich wähle ein schwarzes Notizbuch von Moleskine. Nachdem ich mir ausgerechnet habe, dass die Chance, in einer dichtbevölkerten Stadt wie Rio mir selbst über den Weg zu laufen, denkbar gering ist, und da mein eigenes Bett im Jordaan mich bisher nicht lockt, komme ich zu dem Schluss, dass ich noch länger auf Reisen sein werde, und gehe mit drei Büchern zur Kasse.
Auf dem Weg zum Ausgang komme ich an einer lebensgroßen Pappfigur von Jorge Luis Borges und einem hohen Stapel des neuesten Buches von Felipe Pigna vorbei. Borges liebte seine Stadt. Sein erstes Buch, *Buenos Aires mit Inbrunst,* ist ein 1923 erschienener Gedichtband, in dem jedes Wort seine Liebe zu der Stadt verrät. Es heißt, Borges sei an dieser Liebe gestorben. Sein Buenos Aires ist durchtränkt von seiner romantischen Fantasie, die für andere manchmal schwer nachzuvollziehen ist.
Als hätte ich mit dem Kauf eines neuen Notizbuchs eine Tür geöffnet, ruft am selben Tag Julieta an, eine Bekannte von Tanya und Cheflektorin eines argentinischen Verlages. Sie fragt, ob ich Zeit hätte, einige niederländische Bücher für sie zu lesen und Gutachten zu verfassen.
Am nächsten Tag steige ich im gebügelten Kleid, in Sandaletten und mit frisch gewaschenen Haaren neugierig die breite Treppe des größten Verlages Argentiniens hinauf, zu meiner ersten Arbeitsbesprechung in diesem Land. Der

Verlag liegt in der Calle Alem am Rand des Hafens, mit Blick über den Rio de la Plata. Ich kann mich kaum losreißen von der eindrucksvollen Aussicht: ein Gewirr von Lagerhäusern, Kränen, Masten, gläsernen Apartmenthäusern und alten Gebäuden.
Julietas Büro sei im zwölften Stock, sagt der Portier. Als sich die Aufzugtüren öffnen, finde ich mich in einer faszinierenden Bücherwelt wieder. Auf dem Boden stapeln sich reihenweise Bücher, die einen Blick auf den Fluss werfen können, wenn alle nach Hause gegangen sind. Martínez. Cortázar. Borges. Iparraguire. Esquivel. Aber auch international erfolgreiche ausländische Autoren wie Golden, Koontz und Chopra. Wie im Traum betrachte ich die Werke der großen Schriftsteller. Dieser Raum ist eine bescheidene Version des Friedhofs der vergessenen Bücher von Carlos Ruiz Zafón.

»Wie sieht's aus bei dir?«
»Ich hab das Auto gekauft.«
Tanya lacht. »Kommst du?«
»Ja. Ich fahre morgen früh los, dann bin ich irgendwann am Abend bei dir.«

Nachdem der Nikolaustag sang- und klanglos vorübergegangen ist, mit einem Mond, der hinter den gefrorenen Zweigen der Niederlande versteckt geblieben ist, fahre ich an Weihnachten einem strahlenden Vollmond entgegen.
Es ist neun Uhr abends. Nachdem ich den ganzen Tag über die weiten Pampas Argentiniens geholpert bin, komme ich endlich am Fuß der Anden an, einer Landschaft, in der

Berge, Seen und Bäume den geraden Horizont der ausgedehnten grünen Felder unterbrechen.
Man müsste mehr Wörter für Einsamkeit erfinden. Für den Mann im gestreiften Sonntagsanzug, der mitten in der Nacht der armen Familie unter seinem Balkon eine Rose mit einem Geldschein daran schenkt. Für Anna, die an ihrem Fenster sitzt und ihr Leben nur noch in der Erinnerung erleben kann. Für Tanya, die stets ihren Träumen gefolgt und trotzdem noch immer auf der Suche ist. Für Chantal, die alles loslassen musste, nachdem ihr Todesurteil einmal gesprochen war. Für die flüchtige Wärme eines Stundenhotels. Für die ungestillte Sehnsucht nach einem Bild, das uns in allerlei Gestalten begegnet. Gestalten, die nicht immer zu erkennen sind, weil sie auf dem ursprünglichen Bild eine andere Farbe hatten. Für die Rose, die ich zum Kaffee bekommen habe. Für die dunkle Nacht, durch die ich jetzt fahre.
Es müsste auch mehr Worte für die Liebe geben.
Tanyas Paradies rückt immer näher. So nahe, dass sie nur noch hin und her zu gehen braucht, um es unter ihren Füßen wachsen zu sehen. So ist das mit Paradiesen: Du blickst einen Moment nicht hin, und schon sprießen sie mit jedem Nagel, den du in die Wand schlägst, mit jeder Mahlzeit, die du zubereitest, unter deinen Füßen hervor. Auch für mich rückt das Paradies immer näher. Tanyas Paradies, das nun auch ein bisschen meines ist. Ich nehme die letzten Kilometer in Angriff.

Als ich bei Tanya ankomme, scheint alles zu leben und sich zu bewegen. Die Dielen knarren, und von der Decke rie-

selt der alte Stuck. Der Wind singt durchs Treppenhaus, eine Maschine brummt.
Neugierig durchquere ich die Diele und folge den Geräuschen, die aus dem Treppenhaus kommen.
»Tanya?«, rufe ich hinauf.
Keine Antwort. Dann eben das Erdgeschoss erkunden. Die erste Tür, die ich öffne, führt in die Küche. Typisch Tanya: Überall stehen Souvenirs, Anzeichen von Leben. Schiefe Topfstapel, die aussehen, als könnten sie jeden Moment umstürzen, eine halb geleerte Flasche Wein auf der Spüle. Ich sehe die Spuren des Lebens nicht nur, ich rieche sie auch. Aus dem Herd strömt mir ein warmer, süßer Duft entgegen: der Duft gegrillter Paprika. Als ich mich bücke, um hineinzuschauen, höre ich eine fremde Stimme.
»Darf ich fragen, wer du bist, bevor du dich hier mit unserem Abendessen davonmachst?«
Erschrocken drehe ich mich um. Am anderen Ende der Küche sitzt eine ältere Frau an der schmalen Seite eines auf den ersten Blick sehr langen Tisches. Das muss der Tisch sein, von dem Tanya so viel erzählt hat.
»Ich bin Sophie, eine Freundin von Tanya aus Buenos Aires.«
»Ah, du bist Sophie. Ja, sie hat gesagt, dass du heute kommst.«
»Und wer sind Sie?«
»Sag niemals Sie zu einer alten Frau mit Runzeln. Frauen mit Runzeln wollen ihr Alter vergessen.« Sie zwinkert mir zu und trinkt von ihrem Tee, wahrscheinlich Mate.
»Und wer bist du?«
»Schon besser. Ich bin Charlotte Dupont. Ich bin vor fünf

Tagen hier angekommen.« Während sie redet, zieht sie die Oberlippe ein wenig nach rechts oben, als hätte sie etwas sehr Wichtiges zu sagen. Sie trägt seidene Handschuhe – angeblich wegen der Kälte –, eine Spitzenbluse und darüber eine grob gestrickte Jacke.

»Ach, das hat Tanya mir gar nicht erzählt.« Die Pension scheint in Schwung zu kommen.

»Ich wusste auch noch nicht, ob ich länger als eine Nacht bleiben will.« Sie zeigt in die Richtung, aus der der Lärm kommt.

Bis eben dachte ich dabei noch an einfache Schreinerarbeiten, aber seit ein paar Sekunden klingt es, als würde ein Tier geschlachtet. Ein Kreischen ertönt, dann ein ohrenbetäubendes Donnern, als sei soeben die ganze Decke heruntergekracht. Wir laufen in die Diele und die Treppe hinauf, deren Stufen von einer dicken Staubschicht bedeckt sind.

»So, die Wand ist raus.« Tanyas Stimme.

Meine Freundin ist unter einem Overall und einer wirren Mähne versteckt. Der Overall zeigt auf einen Haufen Mauerbrocken zu meinen Füßen.

»Tanya?«, sage ich entrüstet.

»Sophie?« Sie dreht sich um. »Da bist du ja schon!« Sie fliegt mir um den Hals und drückt mir einen dicken Kuss auf die Wange. »Charlotte hast du auch schon kennengelernt, wie ich sehe.«

Die Schar aus Dauer- und Kurzzeitgästen wächst schneller als erwartet. Bariloche scheint bei Menschen, die zwischen Suchen und Finden schweben, hoch im Kurs zu stehen. Es herrscht Hochbetrieb. Juan findet ständig einen Grund, zu seinem Werkzeugkasten zu greifen, und so wird die alte *estancia* immer schöner. Maria hat die Tür meiner Wohnung in Amsterdam hinter sich zugezogen, um Weihnachten bei Tanya zu verbringen. Seit sie hier ist, rührt sich auch James nicht mehr weg. Er schiebt das bevorstehende Weihnachtsfest und die Notwendigkeit einer helfenden Hand vor, aber alle außer Maria merken, dass ihre funkelnden blauen Augen ihn verzaubert haben.

So kommt es, dass nun nicht mehr nur einer oder zwei, sondern sechs Teller auf dem Tisch stehen, und zwar den ganzen Tag. Es wird hart gearbeitet, und so sind zwei Tage vor Weihnachten bereits sechs der acht Zimmer bewohnbar und auch belegt. Das Leben spielt sich größtenteils an dem langen Esstisch ab. Charlotte liest dort gern, auch wenn sie so tut, als würde ihr der Lärm zu viel, so dass sie sich von Zeit zu Zeit demonstrativ auf ihr Zimmer zurückzieht. Aber ich sehe sie immer wieder von ihrem Buch aufblicken, nach der erblühenden Liebe zwischen Maria und James und nach den beiden Frauen, die dabei sind, die Ranch einzurichten. Jeder hilft mit, der *estancia* das Leben wieder einzuhauchen, das vor einigen Jahren, als die Vorbesitzerin fortritt und nicht wiederkam, erloschen war.

Als erster zahlender Gast hat sich Charlotte gemeldet. Nachdem die Wand im ersten Stock gefallen ist, erzählt sie mir, dass sie England unmittelbar nach dem Tod ihres Mannes verlassen hat.

»Ich wollte schon immer mal nach Südamerika, aber mein Mann ist nicht gerne verreist. Ich bin dann sofort los.« Sie zwinkert mir wieder zu. Das soll wohl etwas Unabhängiges, Befreites vermitteln, aber auf mich wirkt sie irgendwie ein wenig vereinsamt.

Im Esszimmer, in der Ecke neben der Küchentür, ist ein Waschbecken aus blau geblümtem Porzellan. Tanya ist seit ein paar Tagen dabei, den Boden darunter zu fliesen. Schon tausendmal hat sie laut überlegt, wie das weiße Mosaik aussehen soll. Sie trägt nach wie vor den blauen Overall statt ihrer bunten Hippiekleider, und ihre früher stets sehr gepflegten Hände zeigen staubige Furchen.

Charlotte verfolgt mit steifer Oberlippe, wie die elegante Tanya immer mehr zur derben Handwerkerin wird. Ich habe ihr verraten, dass meine Freundin vor ein paar Monaten noch ganz anders herumlief, und ihr das gerahmte Foto gezeigt, auf dem Tanya das Papphütchen trägt.

»Solltest du das nicht Juan überlassen, mein Kind?«, fragt Charlotte.

»Wieso, es geht doch«, antwortet Tanya, ohne sich umzudrehen.

»Also, ich mache mir schon ein bisschen Sorgen um dich. Als du hierhergekommen bist – sie zeigt auf das Foto –, sind dir die Haare noch glänzend auf die Schultern gefallen, jetzt erinnern sie mich an die einer alten Pennerin in meiner Nachbarschaft. Sie fällt in der Gegend ziemlich auf. Ich wohne im besseren Teil von Chelsea, musst du wissen, in der Beaufort Street. Da läuft oft diese alte Frau herum, und ihre Haare, ach, Kind, die sind total verfilzt. Das möchte ich bei dir nicht erleben. Wann hast du zuletzt eine Bürste in der Hand gehabt?«

Tanya runzelt die Stirn, steht auf und blickt in den Spiegel über dem Waschbecken. Charlotte hat recht. Sie sieht unmöglich aus. Ihre Haare hängen in schmutzigen Strähnen herab, ihre einst so gepflegten Augenbrauen wachsen zu einem dicken Strich zusammen, und ihre Fingernägel sind so schwarz, als hätte sie sich seit drei Wochen die Hände nicht mehr gewaschen. Trotzdem wirkt sie vollkommen entspannt.

»Stimmt, Charlotte, danke. Da muss ich wohl was tun.« Sie bleibt vor dem Spiegel stehen, als hätte sie monatelang nicht mehr hineingesehen.

»Es ist schließlich nicht so, als würde hier kein williges Männerfleisch herumlaufen«, sagt Charlotte und liest mit Unschuldsmiene weiter.

»Wie meinst du das?«

»Ach, Kind, das weißt du doch.«

»Nein, das weiß ich nicht.«

»Na, immerhin laufen zwei von der Sorte hier herum. So schwer kann die Rechenaufgabe doch nicht sein.« Charlotte wirft mir einen leicht überheblichen Blick zu, als hätte sie soeben eine Entdeckung gemacht.

»Meint du James? Na hör mal, James und ich kennen uns schon seit …«

»Juan natürlich, dumme Gans.«

»Juan?«

Und gleich darauf: »Der ist doch noch keine dreißig.«

»Na und? Dein Körper ist straffer als der von mancher Zwanzigjährigen. Du müsstest mal sehen, was die englischen Mädchen so alles in sich hineinfuttern. Und dazu tragen sie auch noch winzige Miniröcke. Verboten gehört das, bei den dicken, bleichen Schenkeln.«

»He, Charlotte, sei mal ein bisschen netter. Wir sind eben nicht alle von Natur aus so schön wie du«, sagt Tanya spöttisch.
»Lach du nur, aber denk an meine Worte. Dieser Juan kann's kaum erwarten, und dir könnte es offensichtlich auch nicht schaden.«
»Jetzt reicht's aber!« Tanya wirft einen schmutzigen Lappen nach Charlotte.
Die hat seelenruhig weitergelesen und sieht die Gefahr nicht kommen. Volltreffer. Charlottes feines Gesicht ist mit Spachtelkitt bedeckt.
»Ich glaube, es wird Zeit für ein Bad«, lacht Tanya, und auf Charlottes steifer Lippe glaubt sie ein Lächeln zu entdecken.
»Erst machen wir noch einen Spaziergang mit den Hunden, ja, Sophie?«
»Unbedingt.«
Die Hunde sind aus Buenos Aires mitgekommen. Die rauhe Umgebung der Ranch erfordert eher Bergstiefel als Pumps, doch Tanya möchte, dass sich hier alle wohl fühlen, auch Charlotte, deshalb legt Juan einen weißen Plattenweg an.

*

Es ist zehn Uhr abends, als Tanya sich am Kaminfeuer unter einer großen weißen Decke an mich kuschelt. Tagsüber wärmt uns die Wintersonne, aber abends bleibt wenig von der Wärme übrig, die morgens hinter den Bergen hervorkommt.

»Sophie, eigentlich hab ich dir nie gesagt, warum ich dich sofort ins Herz geschlossen habe.«
Etwas unbehaglich ziehe ich die Schultern hoch, wie immer, wenn mir jemand gerade in die Augen schaut und mir sagt, was er oder sie von mir denkt. »Ach, das muss gar nicht sein. Wir mögen uns einfach. So was kommt vor.«
»Nein, es ist mehr, und darüber spreche ich sonst nie. Es liegt so weit zurück in meinem Leben, und heute ist es so weit weg von mir, dass es mir vorkommt, als würde ich von jemand anderem reden.«
Voller Neugier sehe ich sie an. »Erzählst du mir heute Abend von diesem anderen von vor langer Zeit?«
Sie lächelt. »Gern. Aber es ist eine lange Geschichte.«
»Dann mach ich noch frischen Tee, und wenn ich zurückkomme, höre ich dir die ganze Nacht zu, bis die Sonne aufgeht und wir das Kaminfeuer nicht mehr brauchen.«
Tanya erzählt, sie lacht, sie weint, und von Zeit zu Zeit verstummt sie. Wenn ihre Lachfältchen zum Vorschein kommen, stehen sie mir schon ins Gesicht geschrieben, und wenn mir die Tränen kommen, versickern ihre bereits in meinem Schoß.

Ihre Schwester Isabella hat damals Tanyas leblosen Körper gefunden. Tanya hatte nicht gewusst, dass man vor lauter Kummer das Leben nicht mehr lieben kann. Dass man nicht einmal mehr seine Eltern und Geschwister lieben kann. Nicht einmal mehr seine Lieblingsspeise. Nicht einmal mehr seine Träume. Selbst die begann sie irgendwann zu hassen, und später war ihr dann alles egal. Alles. Ihre Gedanken, ihre Ideen, ihre Gefühle. Selbst ihre Familie.

»Das macht dann sechs siebzig«, hatte die Verkäuferin in der Drogerie gesagt.
Sechs Pesos und siebzig Cent kostete es, Manuel wiederzusehen. Tanya hat vieles vergessen aus diesen Monaten, insbesondere aus dieser Nacht, aber das weiß sie noch. Entführt hatte man ihn, in der Nacht, mit einem Transporter. Der Mord war geplant. Damals verschwanden nicht mehr viele junge Männer, und das Ende der Junta schien gekommen. Tanya schlief in dieser Nacht nicht bei Manuel. Sie musste am nächsten Tag früh aufstehen, um eine neue Arbeitsstelle anzutreten, und sie wollte nicht riskieren, zu spät zu kommen. Außerdem war sie für ihren ersten Arbeitstag nicht passend gekleidet.
Ob sie sicher sei, dass sie nicht in seinen Armen einschlafen wolle? Er brauche nur den Wecker eine halbe Stunde früher zu stellen. Bald würden sie zusammen wohnen, und das wollten sie doch gerade, weil sie sich ein Leben ohne einander nicht mehr vorstellen könnten. Kein Leben und keine einzige Nacht. Als Tanya an jenem Abend die Tür hinter sich ins Schloss fallen hörte, glänzten ihre Augen bei dem Gedanken an den nächsten Abend. Sie wollten zusammen eine Wohnung besichtigen in einem noch ruhigen Teil der Stadt, am Hafen, später eine der teuersten Gegenden Südamerikas.
Manuel wurde in jener Nacht gewaltsam aus dem Bett gezerrt, in den Transporter geschleppt und umgebracht. Es war eine der letzten »Säuberungsaktionen« unter jungen Leuten der neuen idealistischen Generation, die sich zur Zeit der damaligen Militärdiktatur nicht von ihren Idealen trennen konnte. Seine Leiche wurde erst Monate später

gefunden, auf einem Leichenberg in einer Scheune zwei Stunden landeinwärts. Tanyas letzte Erinnerung an Manuel ist noch so präsent, dass sie sie wie einen Film an- und abschalten kann. Sein Lachen, sein fröhliches Lachen, seine schalkhaften Augen, sein schöner Körper.

Alles weg.

Heute, dreißig Jahre nachdem die ersten jungen Männer verschwanden, rufen noch immer Mütter der *desaparecidos* auf der Plaza de Mayo nach ihren verlorenen Söhnen. Manuels Mutter ist eine von ihnen.

Tanya schweigt einen Moment. Ich blicke zur Seite, vom Feuer weg. Ihre Wangen sind tränennass, ihre Augen klein und gerötet. Ich schmiege mich noch enger an sie. Nach einer Weile erzählt sie weiter.

Das Maß des Unglücks war noch nicht voll. Nichts interessierte sie mehr. Im Krankenhaus erfuhr sie, dass sie im dritten Monat schwanger war. Die Ärzte meinten, nach dem, was sie an Pillen geschluckt habe, werde das Kind höchstwahrscheinlich schwerbehindert zur Welt kommen.

Ein Kind.

Von Manuel.

Das schönste Geschenk, das ihr Liebster ihr hinterlassen konnte, hatte sie zerstört. Sie musste eine Entscheidung treffen. Sie tat, was ihr das Beste schien, aber sie wusste nicht, dass sie den Schmerz über diese Entscheidung ihr Leben lang mit sich herumtragen würde. Wieder brach sie alle Brücken zu ihrer Vergangenheit ab. Danach hat Tanya nie wieder versucht, früher zu Manuel zu gelangen, als das

Leben es für sie vorgesehen hat. Sie erwachte mit lauter Schläuchen im Leib und einer Stimme im Kopf. Damals, an einem Spätnachmittag auf der Intensivstation, beschloss sie, das Leben wieder zu lieben – und sei es auch nur für Manuel. Denn sie fühlte sich verpflichtet, das Leben, das ihm geraubt worden war, zu leben.

Sechs Wochen später brach sie mit leerem Bauch und leerem Herzen nach Spanien auf, nach Santiago de Compostela, die erste Reise, die Manuel und sie zusammen hatten unternehmen wollen. Sie reiste allein, aber sie wanderte für zwei, bis sie unterwegs Maria kennenlernte, die ihr einen Teil ihres Gepäcks abnahm und zu einer Weggefährtin fürs Leben wurde. Tage vergingen. Wochen vergingen, zwei volle Monate vergingen. Dann kam eines Dienstags zwischen fünf und zehn nach sechs die Sonne hinter den Bergen hervor und färbte die Landschaft rot. In dieser roten Landschaft saßen die beiden Freundinnen zusammen auf einem Felsen. Acht Tage zuvor waren sie in Santiago de Compostela angelangt, dem Ziel der Pilgerfahrt. Tanya wollte nach Argentinien zurück, Maria wollte durch Europa weiterziehen. Ein Jahr später trafen sie sich jeden Samstagmorgen zu einem Kaffee auf der Plaza Dorrego.

Als Tanya geendet hat, blickt sie nach vorn, in die Flammen. Dann lehnt sie den Kopf wieder an meine Schulter, und am knisternden Feuer schlafen wir beide ein. Dass wir heute Abend hier in Bariloche einschlafen würden und nicht in Buenos Aires, war Tanya schon nach unserer ersten Begegnung klar. Ich musste mit einundzwanzig um mein Leben kämpfen, sie wollte mit einundzwanzig ihrem Leben ein Ende bereiten. Darin liegt unsere Freundschaft beschlossen, und das brachte Tanya dazu, das Ruder herumzuwerfen. Meine Suche wird nicht nur für mich, sondern auch für sie Antworten auf die Fragen bringen, die sie sich vor zwanzig Jahren nicht stellen wollte.

Die Zeit ist mir unheimlich. Sie nimmt fortwährend ein Stück von mir mit nach gestern. Etwa wenn ich einen Moment nicht aufpasse und mein Glas achtlos auf das weiße Tischtuch stelle, nachdem ich den letzten Schluck getrunken habe. Aber auch wenn ich aufpasse und das Glas nachfülle in dem ohne Zorn unternommenen Versuch, den Augenblick auszudehnen.
Immer öfter aber finde ich die Zeit auch okay. Denn mit jedem Moment, den sie mir nimmt, bleibt ein Raum zurück, der gefüllt werden kann. Am Schnittpunkt unserer Wege konnten Tanya und ich einander die Richtung zu diesem Raum weisen.

*

Am Abend vor meiner Abreise aus Argentinien gehe ich zum letzten Mal durch die Stadt, die erst mit dem Hereinbrechen der Nacht wirklich zu leuchten beginnt. Die Avenida de Julio, mit hundertvierunddreißig Metern die breiteste Straße der Welt, ist eine lange Galerie von Verkehrsampeln, Straßenlaternen und blinkenden Irrlichtern. Die Fassaden der Häuser entführen mich nach Paris. Auch der Obelisk ist erleuchtet, zu dem diese Lichtergalerie hinführt, stolzer Mittelpunkt des um ihn herum brandenden Verkehrs.

Um diese Zeit stürmt einem das Leben an jeder Straßenecke entgegen. In San Telmo biege ich um eine Ecke und stehe direkt vor einem Club, in dem acht junge Musiker mit Akkordeon, Schlagzeug, Geige und Gitarre ein Tangokonzert geben. Mitten unter ihnen tanzen eine schöne Frau – ich schätze sie auf vierzig – und ein Mann – ich schätze ihn auf siebzig – in weißem Anzug, weißem Hemd und weißen Hosenträgern. Nur seine weißen Schuhe sind mit schwarzem Leder abgesetzt. Die Frau hat eine Rose im straff zurückgekämmten, gescheitelten Haar, vom selben Rot wie ihr Kleid und ihre Lippen.
Der Tanz ist traurig, klagend, leidenschaftlich, mitunter wild und von Melancholie durchtränkt. Jeder der Schritte birgt ein Geheimnis, eine Emotion, eine Intimität. Die beiden tanzen, als ginge es um ihr Leben. Die Musik wird immer ungleichmäßiger, heftiger, unverhüllter. Das Zusammenspiel von Musik und Tanz löste eine unbezwingliche Ergriffenheit aus, die alle im Saal erfasst, und ich bekomme eine Gänsehaut an den Armen. Plötzlich vereinigen sich die Streichinstrumente zu einem jähen Aufschrei, der dem mitreißenden Tanz ein abruptes Ende setzt.
Erst jetzt merke ich, dass mir Tränen den Hals hinabrinnen. Ich bin nicht die Einzige, die mit der klagenden Musik mitgegangen ist. Es ist, als hielten alle im Saal den Atem an, um die letzten Klänge festzuhalten, die durch den Saal tanzen und uns wie heiße Glut im Fleisch brennen. Minutenlang stehen wir wie angewurzelt in der tiefen Stille, einer Stille, die nur eine Gruppe spüren kann. Bis ebenso plötzlich einer der Anwesenden sie mit einem gleichmäßigen Klatschen durchbricht. Ein Zweiter fällt ein. Ein Dritter.

Ein Vierter, ein Fünfter, ein Sechster. Irgendwann auch ich. Der Applaus verstummt erst, als die Musik wieder einsetzt, lange Minuten später.
Inzwischen sind noch mehr Tangotänzer erschienen, auf der Bühne und auch im Saal, wo sie sich durchs Publikum bewegen. Einer von ihnen entdeckt mich und nimmt mich mit in seine knappen Bewegungen, entlang der hohen Geigenklänge, der nasalen Akkordeonklänge, des aufpeitschenden Zusammenspiels aller Instrumente. Er führt, ich folge. Er bestimmt, ich gehorche. Er tanzt, ich schwebe. Dort, in seinen angespannten Armen, schwebe ich an einen anderen Ort, an dem Tag und Nacht nicht existieren.

Auf dem Flughafen beschäftigt mich die Frage, warum ich eigentlich in ein Flugzeug nach Rio steige und nicht in eine Maschine nach Hause. Eine Frage, deren Wo und Wie mir ein bisschen abhandengekommen ist, zusammen mit dem Wo und Wie meines Lebens, als so vieles an einem einzigen Tag aufhörte zu existieren. Eine Frage, die mich öfter bedrängt, wenn Amsterdam in Sicht kommt. In einer Erinnerung, einer E-Mail oder an der Abflugtafel in einem Flughafen. Stets unerwünscht, denn noch immer klopft sie an, ohne eine Antwort mitzunehmen.

Abseits der berühmten Ansichtskarten und des Gästezimmers von Dee, einer Freundin von Roman, ist mir Rio mit seinen wackelnden Pobacken und den gefährlichen Gangstern so viel näher als mein Zuhause, wo ein anderer die Regie meines Lebens übernommen zu haben scheint, ohne mich einzubeziehen. Hier, weit weg von den Fragen, die zu Hause auf mich warten, gebe ich selbst den Ton an und bestimme, auf welche Wellen ich mein Surfbrett loslasse. Zu Hause stehe ich im Abseits, hier dagegen, wo ich mich auf einem unbeschriebenen Stück Papier bewege, führe ich das Feld an.

Ich stehe in den Startblöcken, um die Welt zu umarmen, und ich beginne damit auf dem Fleckchen Erde, an dem die Sonne am stärksten scheint. Wenn ich eines bei meiner

Reise durch den Himalaja gelernt habe, dann dies: Man darf nicht vergessen, mit der Sonne auch den Palmen nachzureisen, sonst wird man nur enttäuscht.

Wenn ich auf Reisen noch etwas gelernt habe, dann ist es das Verhandeln mit Taxifahrern, und zwar so ausgedehnt wie möglich, um so gut wie möglich ihr Gangsterniveau einschätzen zu können. Da taucht in *Rio by night* das erste Dilemma auf. Leute mit viel Geld verstecken sich hier gern hinter verdunkelten Scheiben, wodurch Leute mit ein bisschen Geld gezwungen sind, es ebenso zu machen. Demnach sind die Einzigen, die frei und offen herumfahren, die armen Schlucker und – tja – die dummen Touristen. Fast alle Autos, die hier von links nach rechts fahren, sind schwarz wie die Nacht, die meist gerade dann über der Stadt hereinbricht, wenn man ein Taxi braucht, so dass die Taxifahrer – sofern sie nicht selbst Gangster sind – nicht von den Gangstern zu unterscheiden sind.

Als ich die Augen aufmache, erschrecke ich beim Anblick eines dicken Hinterns in einem etwas zu knappen Bikinislip. Der Sinn eines Tangas ist hier irgendwo zwischen den mächtigen Pobacken steckengeblieben, so dass nicht viel mehr als ein rosa Schnürsenkel übrig bleibt. Da liege ich nun am berühmtesten Strand der Welt, an der Copacabana, in der einen Hand eine ziemlich haarige Kokosnuss und einen Strohhalm mit blauem Schirmchen, in der anderen einen Caipirinha, und strecke im warmen, weichen Sand von Rio die Beine aus. Mein großer Zeh berührt versehentlich die Haare einer Frau, die dicht neben mir liegt. Sie schüttelt ihre Mähne und lacht mich an. Ich lache zurück und grabe meine Zehen noch tiefer in den Sand. Die

Ansichtskarte ist fertig. Ich muss sie nur noch ausdrucken und abschicken.
Hier am Strand gibt es keine Unterschiede zwischen Kapitalisten und Kommunisten, Aristokraten und Proletariern, zwischen arm und reich. Meer und Strand gehören jedem und niemandem. Alles schwimmt, sonnt sich, trinkt, isst, knutscht. Allenfalls an den dunklen Gläsern der Sonnenbrille lässt sich noch etwas ablesen, an der Größe des Handtuchs oder sogar an dem Strandabschnitt, den sich jemand ausgesucht hat, aber von solchen Details abgesehen ist hier jeder wie ein ungelesenes Manuskript, ohne Titel und ohne Schutzumschlag.
Von dem Straßencafé aus, in dem ich meine zweite Kokosnuss ausschlürfe, wandert mein Blick geradewegs zum geneigten Haupt der berühmtesten – und mit Abstand einsamsten – Christusstatue ein paar hundert Meter weiter oben. Die Stadt wächst wie Unkraut die tropisch grünen Hänge hinauf. Ein Slum nach dem anderen kriecht aus Armut und Elend aufwärts, zu dem großen Erlöser hin, der vom höchsten Berg auf seine Untertanen herabblickt. Ich betrachte das phänomenale Standbild, die Strände, die Palmen, die braunen Figürchen unter mir. Ob Größe 34 oder 44 – alles wimmelt fröhlich und sexy durcheinander.

Zwischen hupenden Autos, auf der Fahrt zu der Adresse von der Visitenkarte, die Roman mir vor meiner Abreise zugesteckt hat, zieht die Stadt wie ein südamerikanischer Film aus den Sechzigerjahren an mir vorüber. Als Trailer die Altstadt mit ihren prächtigen Kolonialbauten und Kirchen, als Cliffhanger der halb in den Wolken versteckte riesige

Christus, als Höhepunkt die Strände von Copacabana und Ipanema. Dazu der Boulevard, den Astrud Gilberto auf einer CD in meinem Amsterdamer Wohnzimmer besingt, und der Boulevard, an dem die schönsten jungen Männer der Welt morgens in rosa Badehosen mit ihren Golden Retrievern zwanzig Kilometer hin und zurück joggen. Mit der nicht zu vernachlässigenden Fußnote, dass sie leider hoffnungslos schwul sind und nicht auf Frauenpos stehen.

Ein Blick auf die Digitaluhr im Taxi sagt mir, dass es bereits halb elf Uhr abends ist. Ich hatte einen schlechten Start in den Tag heute, denn bei meiner Ankunft am Morgen ist mir sofort meine Uhr geklaut worden. Es muss irgendwo zwischen Tango und Salsa passiert sein. Die Taxifahrt endet vor einem hohen Apartmenthaus in Leblon. Am Eingang steht ein Page vor der Drehtür. Er wirkt schlecht gelaunt. Vielleicht schaut er aber auch nur so drein. Jedenfalls habe ich keine Lust, ein Schwätzchen mit ihm zu halten, und haste an ihm vorbei.

Ich läute bei Dee, die sich vor acht Jahren in Rio niedergelassen hat. Sie vereint einen solchen Mix an Nationalitäten in sich, dass ich gar nicht wüsste, wo ich anfangen soll. Viel komplizierter als das Duo Penotti. Dee entwirft bodenlange Kleider und Mini-Bikinis. Wie Tanya ist sie über vierzig, ohne Ehering am Finger und ohne Kinder, die sie frühmorgens aus dem Bett holen, weil sie frühstücken wollen. Und wie Tanya findet sie nichts dabei, mich nach nur einem Abend zur Geburtstagsparty eines ihrer Freunde einzuladen, der seinen Fünfzigsten auf einer Insel bei Rio feiert. Unter Kosmopoliten scheint das so üblich zu sein.

Nach acht Monaten auf argentinischem Boden schließe ich die Augen zum ersten Mal in Brasilien. Meine Lider fühlen sich schwer und geschwollen an, mein übriger Körper auch. Ich merke gerade noch, wie ich sanft in der weichen Matratze versinke: meine Knie, die Hüften, die Schultern. Leider merke ich auch gerade noch, wie der süße Geschmack des Weins dem bitteren Geschmack eines Katers weicht, aber das darf ich offiziell ja nicht aufschreiben. Denn Kater scheinen mit Rio untrennbar verbunden zu sein.

Auf nach Angra des Reis also, dem Inselparadies Rios. Noch immer folge ich meinen zufälligen Begegnungen, denn der Masterplan fehlt nach wie vor. Auch diesmal packe ich ein paar Bikinis und Bücher ein, um mit einer Frau, die ich kaum kenne, am leeren Strand einer Insel, auf der es mehr Palmen als Besucher gibt, unter einem Sonnenschirm zu sitzen, zum Horizont zu blicken und dem orangefarbenen Streifen zu folgen, den die Sonne über den blauen Himmel zieht.
Nachdem wir uns ein paar Stunden durch das grüne Brasilien geschlängelt haben, liegt bei unserer Ankunft in Angra schon ein Motorboot für uns bereit. Wir packen unsere Sachen hinein und fahren zur Ilha Grande, der größten der dreihundertfünfundsechzig Inseln. Nach einer halben Stunde erreichen wir ein paar Holzbungalows von derselben Farbe wie die Rinde der Bäume ringsum. Über den zwischen große Felsen gebauten Pier gehen wir kurz vor Einbruch der Dunkelheit an Land.
Wir sind die ersten Gäste. Flackernde Kerzen und Wasser-

schalen mit exotischen Blüten säumen die Pfade. Auf großen Palmblättern wird ein kleines einheimisches Fischgericht serviert, das entfernt an Paella erinnert. Ich sehe halb volle Weingläser mit roten und rosa Lippenstiftabdrücken. Ich sehe einen Berg Sandalen und eine Menge tanzende Füße. In der Ecke singt ein junger Brasilianer und spielt dazu Gitarre. Neben ihm schlägt ein anderer junger Mann mit langen Dreadlocks leise eine Trommel, und aus dem Dschungel kommen die kleinen Bewohner der Nacht hervor und formieren sich zu einer Big Band. Es ist so warm, dass wir uns an den Fenstern niederlassen, durch die sanft der Mond hereinscheint. Und es ist so dunkel, dass bis auf ein Licht gegenüber nichts von den anderen Inseln zu sehen ist.

Das Geburtstagskind ist, wie sich herausstellt, kein Mann, sondern eine Frau. Das hatte ich wohl falsch verstanden, als Dee mir davon erzählte.

Ich bin sofort fasziniert, als wir uns die Hand geben. Die Frau scheint vor Geschichten überzusprudeln, wie ein Buch, das kein Ende nimmt. Irgendwo zwischen den warmen Klängen der Gitarre und der tiefen Stimme ihres Mannes setzt sie sich neben mich. Sie nimmt meine Hand und dreht sie auf dem Tisch mit der Handfläche nach oben. Noch ehe ich mich darauf besinnen kann, dass ich Wahrsagerinnen bewusst vermeide, folgt sie mit dem Zeigefinger meinen Handlinien.

»Sophie, du hast noch ein sehr langes, großartiges Leben vor dir.« Während sie ihre völlig unerwarteten Worte auf den Tisch wirft, lacht mir Dee vom Bootssteg aus zu. Sie steht so dicht am Rand, dass ich jeder ihrer Bewegungen

mit dem Blick folge aus Angst, sie könnte ins dunkle Wasser fallen.
Die Frau neben mir berührt mich so heftig wie ein Pfeil die Zielscheibe. Eine dicke Träne bildet sich in meinem linken Augenwinkel und rinnt so schwer hinab, dass sie auf meiner Hand, die noch immer offen auf dem Tisch liegt, zerplatzt und dort eine kleine Pfütze hinterlässt. Wieder bildet sich eine Träne, diesmal in meinem rechten Augenwinkel. Ich zwinkere sie schnell weg.
Es sind die Tränen eines verlorenen Satzes, der irgendwo tief drinnen, versteckt hinter einem Rudel Gedanken, ganz allein umherschwimmt. An den meisten Tagen bleibt er verborgen und versucht sich durch die anderen Sätze zu kämpfen, entdeckt aber keine Lücke. Ganz selten gelingt es ihm doch, und dann findet er den Weg zu meiner Hypophyse. So wie jetzt. Er schwimmt so nahe heran, dass er alle meine Gedanken besetzt und mich für einen langen Moment in dem Ich festhält, das ich bin. Es ist der Satz, den der Tod zurückgelassen hat, als wir uns das erste Mal begegneten.
Nach einem Übermaß an Krankenhausstatistiken, -diagnosen und -berichten klingen mir die Worte dieser Frau wie ein einschmeichelndes Chanson in den Ohren. Leise, verlockend und unerträglich anziehend. Ein Lächeln formt sich auf meinen Lippen, und darin verbirgt sich mehr Sicherheit als in jedem Befund, wie immer er aussehen mag. Dank dieser seltsamen Libanesin habe ich soeben den Kampf gegen meine Unsicherheit, was die Zukunft angeht, gewonnen.
Nun nimmt sie meine andere Hand, die linke, und sagt

mir – als Tüpfelchen auf dem i gewissermaßen –, dass mir auf meinem Weg noch viele Herausforderungen begegnen werden. Dann bedankt sie sich. Ich kann nicht anders, ich muss auch diese Worte annehmen, vielleicht weil sie die Wirklichkeit heute schon von so vielen Seiten umschließen. Ein paar Sekunden lang blicke ich ihr ohne Scheu in die Augen. Wirklich eine faszinierende Frau. Anziehend und zugleich unheimlich, weil sie mit ihren Worten selbst die unberührtesten Stellen meines Körpers bloßzulegen weiß.

Bevor ich zu Dee ins Bett krieche, klettere ich in die Hängematte auf der Terrasse. Eine ganze Stunde liege ich im Mondlicht und grüble darüber nach, wie ich das Leben wieder nach meiner eigenen Uhr ausrichten kann. Wie ich jede Minute bei mir behalten kann, ohne sie an eine Zukunft wegzugeben, die mich vor kurzem noch betrogen hat. Wie ich, ehe wieder neue Stundenschläge über mir erschallen, die Zeit überlisten kann, ihr vielleicht sogar ein Schnippchen schlagen kann.

Ich will Siddhartha auf seiner Erkundungsfahrt durch das Leben folgen, allerdings in modernerem Gewand. Anno 2007 hungert niemand mehr bei den Samanas, um tagelang in Trance zu sitzen. Zumindest nicht dort, wo ich herkomme. Aber wie Siddhartha will ich mich von zufälligen Begegnungen leiten lassen, die dann doch oft alles andere als zufällig sind, wie mir das Gefühl sagt, das sie in mir hervorrufen, so dass ich am Ende an das Ziel gelange, das ich vor Augen habe. Ein Ziel, dessen Breitengrad bisher in keiner Karte steht, ist jedoch nicht ohne Umwege zu erreichen. Dummerweise fehlt auch der Längengrad noch, aber

das mindert nicht meinen Drang zu suchen. Das schien auch Siddhartha auf seinem Weg nicht aufzuhalten.
Es heißt also weiter Kilometer zurücklegen. Denn mit jedem einzelnen Kilometer bin ich wieder um eine Erfahrung reicher, und zunehmend glaube ich, dass ich meine Bestimmung eher in einzelnen Momenten suchen muss als in der Zeit. Und schon gar nicht in der Zukunft. An der Weggabelung geht es in drei Richtungen, aber ohne einen Oscar für meine schauspielerische Leistung, mit der ich mir vormache, dass alles noch beim Alten sei, kann ich den alten Weg nicht mehr einschlagen. Nicht, nachdem ich in eine andere Welt geführt wurde, in der langfristige Pläne, Schaukelstühle auf der Veranda und Enkelkinder nicht existieren.
Während ich tief in Gedanken in der Hängematte liege und in die dunkle Ferne blicke, auf eine in der Nacht verborgene Landschaft aus Inseln und Meer hinaus, entzündet sich zum zweiten Mal, seit ich Amsterdam verlassen habe, in meinem Innern eine kleine Flamme, so heiß und so heftig, dass sie meinen ganzen Körper durchglüht und unter der Haut prickelt. Es fühlt sich so gut an, dass ich nur eines daraus schließen kann: Mit meiner völlig planlosen Flucht vor acht Monaten habe ich unabsichtlich eine sehr vernünftige Entscheidung getroffen. *Heaven must be missing an angel.*

»Dee?«
»Ja?«
»Schläfst du schon?«
»Jetzt nicht mehr.«

»Ich will nach Lhasa.«
»Nach Lhasa?« Dee stützt sich auf ihren Ellenbogen. Sie scheint völlig perplex.
Kein Wunder. Die junge Frau, die neben ihr liegt und die sie seit kaum drei Tagen kennt, redet davon, nach Tibet fliegen zu wollen, nachdem sie gerade erst aus Buenos Aires nach Rio gekommen ist. Wenn ich es mir so überlege, muss die junge Frau ziemlich übergeschnappt sein.
»Ja, Tibet. Es ist so magisch dort.«
»Aber du bist eben erst in Brasilien angekommen«, stammelt Dee.
»Vielleicht hab ich hier schon alles gefunden, was ich gesucht habe.«
Dee sieht mich verständnislos an – zu Recht. Die Logik der Gefühle ist nur selten in Worte zu fassen. »Schon alles gefunden? Du bist gerade mal drei Tage hier. Und die ganzen Flugtickets?«
Ich wende mich ihr zu. »Als ich nach Buenos Aires geflogen bin, hab ich ein Ticket gekauft, mit dem ich mehrere Stopps einlegen kann. Das hat nur ein paar hundert Euro mehr gekostet. Ich glaube, ich hatte schon so eine Ahnung, dass Buenos Aires erst der Anfang ist.«
»Was willst du denn in Tibet?«, fragt Dee nach kurzem Schweigen.
»Wahrscheinlich genau dasselbe wie hier.«
»Und was ist das?«
»Ehrlich gesagt: Ich hab keinen blassen Schimmer.«

Tibet. Auf dem Papier sieht das total verrückt aus. Und auf meinem Handy noch verrückter, als ich Tanya eine SMS schicke. Tibet – noch dazu von Rio aus. Aber warum eigentlich nicht? Warum soll ich auf einen wohlüberlegten Gedanken warten? Im Übrigen werden vernünftige Entscheidungen unterwegs ohnehin meistens über den Haufen geworfen. Ja. Warum soll ich nicht nach Tibet? Gehört zu einer Suche nicht ein Buddha auf einem weiß verschneiten Berg? Und die Sachen, die ich im kalten Patagonien gebraucht hätte, habe ich ja dabei. Warum soll ich warten, bis die Zeit wieder mit einem faulen Osterei vor der Tür steht, auch wenn es mit einer Schleife verziert ist?

Ich tu's.

Ich fliege nach Tibet.

Mit den Kilometern, die ich zurücklege, passe ich mich nicht nur meiner neuen Situation an, ich lasse auch die letzten Tränen trocknen, Nach wie vor sucht mich die Leere unangekündigt heim, aber ich fühle mich befreit von dem verletzbaren Mädchen in mir, das ich bei meiner Abreise aus Amsterdam gegen die starke Frau eingetauscht habe, die auf einem tibetischen Gipfel die eigenwilligste unter all den tanzenden bunten Fahnen zu finden weiß.

*

Als ich ins Flugzeug Richtung Osten steige, gibt es ein Missverständnis wegen der Gepäckfächer und Plätze. Darüber wird teils auf Portugiesisch, teils auf Chinesisch debattiert, so dass die Unklarheit schnell in Uneinigkeit umschlägt. Eine kleine Chinesin steht mir in dieser, was meinen Part betrifft, wortlosen Diskussion bei und bringt mich irgendwo zwischen Reihe siebenunddreißig und dreiundvierzig unter.

Fliegen. Als Erstes denke ich noch immer an das blaue Erbgut meiner Mutter: ihre Zeit als KLM-Stewardess. Da hat sie in der Luft etwas sehr Schönes aufgegabelt. Ich rede nicht von Robert Redford, den sie mit Getränken und einer Mahlzeit versorgt hat, als das Fliegen noch etwas Besonderes war. Auf einem Flug, sagte sie, habe sie sich einmal überlegt, dass nach dem Weltuntergang – durch einen gigantischen Tsunami oder einen aus seiner Umlaufbahn geschossenen Planeten – die Weltbevölkerung mit den Menschen, die noch in der Luft hängen, von vorn beginnen würde. Das ist im Grunde das Erste, womit ich etwas anfangen kann, wenn von In-der-Luft-Hängen die Rede ist. Nicht, dass ich große Flugangst hätte, aber ich bin jedes Mal sehr erleichtert, wenn die Maschine wieder auf dem Boden steht. Seit ich mit diesem Gedanken in ein Flugzeug steige, finde ich das Fliegen sogar ein bisschen schön. Vor allem bei der Landung.

In Tibet, nicht weit von Lhasa, gibt es einen Berg, der Gompe Utse heißt. Warum, weiß ich nicht. Auf dem Gipfel wehen so viele Gebetsfahnen und stehen so viele Stupas, dass man fast vergisst, sich umzusehen, um dann festzustellen, dass man sich auf fünftausendzweihundert Meter Höhe befindet. Der jetzige Dalai Lama soll, als er seine Heimat verlassen musste, diesen Berg auf seiner Flucht nach Dharmsala und McLeod Ganj in Nordindien überquert haben. Es heißt, dass auf dem Berg magische Kräfte am Werk seien. Ein bisschen Magie kann ich gut gebrauchen,

denn ich habe noch immer keinen Wegweiser mit Orts- und Kilometerangabe gefunden.
Insofern ist es gar nicht so verwunderlich, dass ich um die halbe Welt geflogen und auf fünftausendzweihundert Meter Höhe gestiegen bin, um auf diesem Berg im Schneidersitz in die Ferne zu blicken. Wie gesagt, einen Masterplan habe ich nicht. Es schien mir in meinem Wettlauf gegen die Uhr einfach das Beste, meinem Willen zu folgen. Außerdem brauche ich ein bisschen Mystik, die mir hilft, *the magic spell* zu finden, um das Gestern loszulassen, mir das Heute gefügig zu machen und das Morgen schon einzubeziehen. Oder um einfach die Zeit loszulassen.
So erscheint es mir äußerst passend, von diesem Berg im heiligen Tibet, der Heimat der Buddhisten, die große Frage ins Leben hineinzuschicken. Manche Klischees sind nicht zu vermeiden, und es kommt der Moment, da man sich im Klischee verfängt, das keine anderen Worte kennt als jene, in die es gegossen ist. Das Klischee des Berggipfels, des Schneidersitzes und der Frage:

Wer – Bin – Ich?

Drei kleine Wörter, die unter jeder Stelle, auf die ich meinen Fuß setze, und unter jeder Seite, die ich lese, geschrieben stehen. Sie verfolgen mich. Aber sind sie wirklich so wichtig? Muss ich dafür um die ganze Welt reisen?
Die ganze Welt ist auf der Suche nach dem Paradies. Wir alle. Aber allein. Wir tun das schon seit Generationen, seit Jahrhunderten. Das ist in der Bibel, im Koran und im Tibetischen Totenbuch nachzulesen. Die ganze Welt ist auf der

Suche nach sich selbst. Nach dem Warum unserer Existenz. Es scheint da einen Zusammenhang zu geben.
Heute ist man nicht mehr einfach nur Bäcker. Nein, man ist ein Bäcker mit einer Leidenschaft. Einer Leidenschaft für Brot. Oder ein Rechtsanwalt mit einer Leidenschaft für Gerechtigkeit. Oder Vollblutbiologe. Dessen Herz lassen kleine Krabbeltierchen höher schlagen, die der Bulldozerfahrer wiederum mit Leidenschaft platt walzt, damit sich der Architekt mit Leidenschaft auf dem Gelände bewegen kann.
Dass man in der heutigen Gesellschaft ohne eine Leidenschaft nicht nur leidenschaftslos, sondern auch wertlos ist, das ist beunruhigend. Ohne Leidenschaft gehört man nicht dazu, und so macht man sich unter dem Zwang der Leidenschaftlichen, die einem aus den Hochglanzmagazinen entgegenlachen, auf die Suche nach dem Paradies. Vielleicht ist es einfach nur eine Leidenschaft für das Suchen. Das kann natürlich auch sein.
Das neue Spiel beginnt nicht viel besser als das vorherige. Zurück auf dem Schachbrett der Götter, steht es nicht allzu gut mit mir. Mein Pferd habe ich in der Pampa Argentiniens zurückgelassen, meine Krone in einem Salsaclub Brasiliens verloren, und so ziehe ich wieder kreuz und quer wie die weiße Dame über das Schachbrett, der wundervollen, aber auch grauenvollen Wahrheit des Lebens entgegen. Während die da oben lachend beobachten, wie lange ich durchhalte, bis ich das nächste Mal schachmatt gesetzt werde.
Plötzlich beginne ich auf die Menschen zu schimpfen, die auf ihrem Sterbebett so bequem daherreden, man solle sei-

nem Herzen folgen, die aber keine Anleitung dazupacken. Wie macht man das, seinem Herzen folgen? Und was bringt es? Was bringt es, mit eiskalter Nase dazusitzen und ins Nichts zu blicken, zwischen lauter heiligen Steinen und Dutzenden in den Windböen tanzender Fahnen? Die Berge werden nicht langweilig, das stimmt. Doch irgendwann bekomme ich Hunger, werde müde oder vermisse einfach die Menschen dort unten. Ja, irgendwann beginnt mein Herz leise in meiner Brust zu pochen und verlangt Gehör. *Whereto next?*

In Tibet haben die Menschen ihre eigene Art, Abschied zu nehmen und ihre Toten zu beerdigen. Himmelsbestattung nennt sich das, denn die Beerdigung findet am Himmel statt. Der in Tücher gehüllte Leichnam wird auf einen Berg gebracht, zerstückelt und an die Geier verfüttert. Im Ernst, so machen das die friedliebenden Buddhisten. So grausam das klingen mag – im Grunde ist es sehr rein, und es steht sogar ein friedlicher Gedanke dahinter. Denn der Leichnam wird an die Erde zurückgegeben, in diesem Fall an die hungrigen Aasgeier, die in dieser schwindelnden Höhe durch die Lüfte schweben.
Ich bin hinaufgestiegen, um herauszufinden, wie so ein Bestattungsplatz aussieht. Ich entdecke ein Schulterblatt, wahrscheinlich von einem Kind oder einer zierlichen Frau. Ich entdecke auch einen gestreiften Pullover und ein Messer, verrostet vom Blut und halb in ein weißes Tuch gewickelt. Überall liegen Reste von Bierflaschen und stärkeren Rauschmitteln, die in das Ritual einführen sollen. Zwei Geier umkreisen das Stück Berg, das die Wolken durch-

bricht. Die zahllosen Gebetsfahnen fliegen im Wind hinterher. Alles stimmt hier, so nah beim Tod. Die Leere, die Höhe, das Nichts.

Erinnerungen machen das Geschehene schöner, als es war, einfach weil sie als Letztes von etwas übrig bleiben, das nicht mehr existiert. Wie ein Passagierschiff tauchen sie plötzlich im Nebel meiner Gedanken auf, die so abrupt, wie das Schiff vorbeigefahren ist, zu etwas Vagem, Dunklem verschwimmen. Vergessen und erinnern. Selektion: ein eingefleischter Überlebensmechanismus, an dem ich mit all meiner Fantasie festhalte.
Manchmal, wenn ich die Augen schließe, gelingt es mir, zu einem Moment zurückzureisen, dessen Ende noch nicht feststand. Zu einer Begegnung in einem Café in der Pijp, zu einer Hand, die ich zum ersten Mal geschüttelt habe, oder sogar zu einer Sorglosigkeit, die ich nach und nach verloren habe. Dann tue ich so, als wäre noch alles beim Alten. Das fällt mir nicht schwer, denn das Leben, in das ich eingetreten bin, ist so weit entfernt von dem Leben, aus dem ich komme, dass alles, was ich sehe und berühre, manchmal kaum von dem zu unterscheiden ist, was ich träume.
In diesem Traum ist Chantal noch quicklebendig. Mit Hilfe des Glöckchens, das ich um den Hals trage, stelle ich mir vor, was sie in diesem Moment macht. Morgens sehe ich sie in ihrer Küche vor mir, an der Kaffeemaschine, in einem grellfarbenen Kleid und einer knöchellangen Weste. Die hat sie zu Hause gern getragen. Ich stelle mir vor, wie sie das Milchkännchen aus der Mikrowelle nimmt, wie wir

uns an ihren Glastisch setzen und uns darüber hinweg die Worte zuwerfen – bei uns passten immer erstaunlich viele Worte in eine Minute.
Und ich stelle mir vor, wie wir später über den Albert-Cuyp-Markt zum »Pilsvogel« schlendern, wie sie sich dort eine Zigarette anzündet und ich an den leckeren fetten Hähnchenkeulen knabbere. Ich sehe sie in ihrer rot-weiß karierten Bluse dort sitzen. Schlicht und gepflegt, lässig, aber ungeheuer sexy, genau so, wie sie ist. Sie lacht.
Ich lache.

Zurück in der bewohnten Welt, nämlich in Lhasa, noch immer auf dreieinhalbtausend Meter Höhe, höre ich erst, wie still es dort oben ist. Und ich sehe erst, wie hoch es dort oben ist. Das macht mir Appetit. Ich gehe in die Hauptstraße und kaufe mir bei einem der vielen Händler frisch gebackene Chips mit rotem Chilipulver. Dann schlendere ich ein paar Stunden durch die heiligste Stadt der Welt und kaufe immer neue von den leckersten Chips der Welt, sobald ich den letzten in den Mund gesteckt habe. Ich komme an zahlreichen Straßenhändlern, Mönchen, chinesischen Soldaten und dem berühmten Jokhang-Tempel vorbei, ebenso am heiligen Herzen Tibets, dem Potala-Palast, der früheren Residenz des Dalai Lama. Dann stehe ich vor einem französisches Bistro – warum nicht? – und lese die Speisekarte, die im Fenster hängt. Mousse au chocolat. Ich gehe hinein und falle wenig später mit Bauchschmerzen ins Bett.
Im Flughafen von Lhasa starren mich die Fragezeichen zu Hunderten an. Malaysia würde mich reizen. Aber von Alain

de Botton weiß ich, dass nichts so ernüchternd ist, wie wenn man allein im Paradies ankommt. Malaysia scheidet also aus. Peking, Shanghai. Nein, die Gastfreundschaft der Chinesen verlangt nicht nach Wiederholung. Zurück nach Indien? Nepal? Noch weiter ostwärts? Bali?
Dann wechselt die Anzeige, und ein KLM-Flug nach Amsterdam erscheint. Warum nehme ich den nicht einfach? Wie weit muss ich noch fliegen, um mein Zuhause wiederzufinden?

»Zus?«
»Ja, Süße, wie ist es in Argentinien?«
»Sehr tibetisch.«
»Tibetisch?«
»Ich bin am Flughafen von Lhasa.«
»In Lhasa? Was machst du denn da?«
»Wegweiser suchen.«
»Wie lange bist du schon dort? Warum hast du denn nichts gesagt?«
»Weil ich mich den Mönchen hier angepasst habe, und die schreiben keine E-Mails. Die haben auch keine Handys.«
»Was willst du denn in Lhasa?«
»Ich hatte das Gefühl, ich muss da hin.«
»Und?«
»Das Gefühl hat sich wieder gelegt. Ich bin ganz hoch hinaufgestiegen und stehe jetzt wieder unten.«
Meine Schwester muss lachen. »Komm doch einfach hierher, Süße.«
»Ich war auf fünftausendzweihundert Meter Höhe. Mit einer unglaublich schönen Aussicht. Ein Dreihundertsech-

zig-Grad-Rundblick, dazu unendlich viele Berge und kaum Menschen. Ich habe zwei Armreifen gekauft, aus Yakknochen. Einen für dich. Und ich hab superleckere Chips gegessen. Ich habe sogar noch welche in der Tasche, die kann ich dir mitbringen. Aber vielleicht muss ich doch noch eine Weile hierbleiben.«

»Um Chips zu essen?« Während Zus von ihrer Misosuppe gestern Abend erzählt, von den großen Raubvögeln, die vor ihrem Bürofenster sitzen, und den engen Röcken ihrer neuen Chefin, taucht auf der Anzeigetafel ein neuer Flug auf. Hongkong. Top. Da bin ich ja schon um die Ecke.

»In drei Stunden geht ein Flug. Ich sehe zu, dass ich noch einen Platz bekomme.«

»Ich hol dich vom Flughafen ab. Welcher Flug ist es?«

Den Rest der Wartezeit schlage ich mit Nachrichten an Tanya und Milan tot. Tanya reagiert nicht, aber das hängt wohl damit zusammen, dass sie gerade auf der anderen Seite der Erde ist. Die Online-Verbindung zu Milan läuft zum Glück heiß.

»Ich hab gerade ein paar Stunden auf fünftausendzweihundert Meter Höhe in die Ferne geblickt.«

»Das heißt, du bist jetzt in …?«

»Tibet.«

»Natürlich. Tibet. Und, was hast du gesehen?« Typisch Milan. Immer auf den Punkt.

»Nichts natürlich. Na ja, viele Berge, das schon. So schöne, dass ich die Kälte ein paar Stunden ausgehalten habe. Na ja, vielleicht hab ich auch auf irgendwas gewartet.«

»Schwierige Suche, scheint mir, zwischen den ganzen Gipfeln«, antwortet Milan.
Volltreffer.
»Worauf genau hast du gewartet?«
»Ich hatte auf irgendeinen Fingerzeig gehofft.«
»Auf einem Berg?« Großartig, diese Milan.
»Ja. Auf einem Berg.«
»Und?«
»Ich glaub, ich hab einen Plan.« Ich flüstere fast, als sei es ein kostbares Geheimnis und ich eine Mossad-Spionin, die es hüten muss.
»Ach, ja?«
»Du weißt schon.«
»Chantal?«, fragt Milan leise.
Volltreffer.

*

Hongkong kommt mir von allen Seiten entgegen. Das Gesichtsfeld ist komplett ausgereizt. Über mir fahren die Autos auf Schnellstraßen, von denen ich dachte, dass es sie nur bei Donald Duck gibt. Unter mir quillt Dampf aus den Gittern der U-Bahn-Schächte. Neben mir lachen mich mobile Plakate an und jubeln mir sprechende Laternenmasten zu, ganz zu schweigen von der Zahl der Menschen pro Quadratmeter, die um mich herumwimmeln. Hongkong ist hip. Das weiß jeder, der sich einmal nach zwölf im Café die Werbesprüche eines etwas überdrehten Reklameboys angehört hat.
Zus ist vor zwei Jahren in dieses schnelllebige Mekka ge-

zogen, ihrem Liebsten und ihrem Ehrgeiz hinterher. Mit der Zeit hat sie ihre festen Boots gegen Pumps eingetauscht und ihre alten Jeans gegen kobaltblaue Hosen und knapp geschnittene Sekretärinnenröcke mit hineingesteckten Seidenblusen. Ich mag das, ich mag schöne Frauen, die es sich zur Aufgabe machen, ihre Qualitäten und verfeinerten Talente zur Geltung zu bringen. So wie ich auch Genies mag, die es auf sich nehmen, ihr Haar ziemlich wirr zu tragen, ihre Hosenbeine auf Hochwasserlänge abzuschneiden und ihre lederne Aktentasche so zu halten, dass ihre neuesten Berechnungen, wie aus einer flachen Welt eine runde zu machen sei, herauswehen.
Von ein paar verkehrs- und sozialtechnischen Unterschieden abgesehen, ist das Leben eines Headhunters in Hongkong nicht viel anders als in Amsterdam. Zus radelt nicht zur Arbeit, sie rollt dorthin, und zwar auf der längsten Outdoor-Rolltreppe, die ich je gesehen habe. Sie lächelt den ganzen Tag, nicht nur für die Menschen, die sie nett findet, sondern für alle, die ihren beruflichen oder privaten Weg kreuzen, denn das ist hier ein und dasselbe.
In Hongkong laufen die Menschen ganz anders als in Rio. In Rio schlendern sie, in Hongkong dagegen rennen sie. Zus führt mich an meinem ersten Abend in das neue Restaurant *in town,* wo das Essen heute noch al dente ist, aber morgen schon *overcooked.* Das hat den Vorteil, dass man gleich auf dem Höhepunkt der Hipness anlangt, die vermutlich die Terminkalender der meisten Menschen füllt, die sich mit uns in diesem Raum aufhalten. Auch eine Möglichkeit, meinen Terminkalender voll zu bekommen. Mir überhaupt einen anzuschaffen.

Wir nehmen an einem langen Tisch Platz. In der Ecke sitzt eine Inderin, neben ihr ein Mann, der wie ein Australier aussieht, daneben zwei Franzosen in Begleitung der Miss Asia von vor ein paar Jahren. In diesem Restaurant also keine Möchtegern-Abenteurer, die im Holländischen Café zusammen mit ihren Fleischkroketten einen deplazierten Machismo in sich hineinschaufeln, weil sie die Randstad zugunsten des Finanzplatzes Asien hinter sich gelassen haben. Eine Menge schön gekleidete Frauen und Männer. Viele Miniröcke und hohe Pumps. Dazu hippe Jeans und viele Loafers – mir persönlich sind Chucks lieber. Außerdem wildbedruckte Kaftans, Abendtaschen so groß wie Weekendtaschen.

Dass ich gepflegte Frauen mit langen Beinen mag, heißt nicht, dass ich hier viele Freundinnen fände. Im Gegenteil: Die meisten Frauen betrachten einander als Konkurrentinnen, vor allem dann, wenn man noch nicht über Botox nachzudenken braucht. Sie beäugen sich misstrauisch, während die Männer sich die Augen aus dem Kopf starren. Dass Miss Asia da keine Ausnahme ist, muss ich mitten auf dem Schlachtfeld erfahren. Sie mustert jeden Zentimeter meines Körpers, meiner Haut und meiner Haare so eingehend und ungeniert, dass ich unbehaglich auf meinem Stuhl herumzurutschen beginne. Ich frage mich, ob ich mir nicht doch noch schnell die Haare hätte föhnen sollen, ob meine Augenbrauen sauber gezupft sind, ob der Concealer, den ich auf die Haut unter den Augen auftrage, ausreichend deckt. O Gott, und die Nägel hätte ich mir auch noch mal frisch lackieren können, wie ich mit Entsetzen feststelle.

Sie durchbricht die Spannung, die sich mittlerweile irgendwo zwischen ihrem und meinem Teil des Tisches aufgebaut hat, mit einer Geschichte von Catherine Zeta-Jones, die Miss Asia angeblich schöner findet als sich selbst. Schlimmer noch: die angeblich neidisch ist auf ihren Körper. Ich verdrehe bereits Mitleid heischend die Augen zu Zus hin, die offensichtlich überlegt, ob wir uns nicht woanders hinsetzen sollen, als Miss Asia die volle Aufmerksamkeit der Tischgesellschaft auf mich lenkt.

»Serious, you look so young. Are you sure you're not just fourteen?« Ein Lächeln erscheint auf ihrem Gesicht. Es ist ein Siegerlächeln.

Eigentlich kann ich ziemlich schlagfertig sein, bin es nur leider nie dann, wenn es wirklich nötig wäre. Von Miss Asias scharfer Zunge vernichtet, sitze ich da und denke die letzten Sekunden weg. Sie bringt es fertig, die Frage noch dreimal zu stellen, und bei jeder Wiederholung wird sie giftiger. Als sie gerade zum vierten Mal fragen will und alles daransetzt, einen Erfolg zu verbuchen, taucht aus den Tiefen meines Gedächtnisses die Erlösung auf. Timos Standardwitz, wenn jemand sich über den Altersunterschied zwischen uns wunderte. Ich sei fünfunddreißig, antworte ich, hätte allerdings eine sehr gute Tagescreme. Die solle sie vielleicht auch mal probieren, füge ich noch hinzu. Das steigert ihren Hass noch mehr, und sie schreit ihn über den Tisch hinweg zu mir herüber. Sie hat ihren Pfeil abgeschossen, und ich bin die Zielscheibe des Abends. Die Zielscheibe eines Titels, der schon zu alt ist, als dass seine Trägerin noch davon zehren könnte.

Als ich am ersten Morgen in Hongkong die Vorhänge aufziehe, weiß ich sofort, dass heute einer dieser Tage ist, an denen man im Bett bleiben sollte. Das trifft sich gut, denn es ist ohnehin noch nicht Zeit, aufzustehen. Ich habe auf dem Weg hierher wieder nicht aufgepasst und bin erneut bestohlen worden. Eine ganze Nacht hat man mir gestohlen, um genau zu sein.
Heute habe ich den Tag ganz für mich, und ich kann ihn gut gebrauchen. Ich ziehe mit meiner Bettdecke aufs Sofa um und klappe meinen Laptop auf. Aus Gewohnheit und wohl auch ein bisschen, weil es dort gemütlicher ist. Ich habe die Wohnung für mich allein, denn Zus ist schon unterwegs und ihr Freund auch. Er ist übrigens nach wie vor der netteste Freund der Welt. Erst wird gejoggt, dann wird vorbereitet, dann wird gearbeitet. So macht man das in Hongkong. Nutzenmaximierung.

»Willkommen, Sophie, Sie haben erneut keine neuen Nachrichten.«

Zurzeit spricht mein Laptop mit mir, wenn ich wieder mal allein aufwache. Wie beim Navigationsgerät habe ich auch hier Toms raue Stimme gewählt, doch heute kommen mir zum ersten Mal Bedenken. Vor allem wenn Tom sich zwischen *erneut* und *keine* besonders lang Zeit lässt und die schlechte Nachricht dadurch noch unterstreicht. Ich stelle schnell auf Jane um.
Ungeduldig reise ich mit Google ein paar Monate in der Zeit zurück. »*Timo Thijssen*«. Hundertachtzehn Treffer. Größtenteils alte, aber jeden Monat auch ein paar neue.

Zum Beispiel: Island. Istanbul. Ausstellungen. Fotos sind auch dabei. Bah. Er lacht. Natürlich lacht er – wer nicht? – in einer heißen Quelle in Scheiß-Island. Was macht er als Architekt in Island? Gletscher bauen? Es wurmt mich, dass ich nur seinen Spuren folgen kann. Wie weit weg er ist! Um meine rapide sinkende Stimmung etwas zu heben, google ich meinen letzten Fang. Vielleicht muntert mich das ein bisschen auf.

»Pancho Ducho«.

Bingo. 48 400 Treffer. Nicht nur ein schöner Fang, sondern auch ein guter, wie ich jetzt sehe. Zu viele Treffer, um groß darüber zu schreiben, und 42 282 mehr als bei Timo, den ich vergessen will. Aus dieser neuen Perspektive wird das Literaturverzeichnis einer Diplomarbeit zu einer mickrigen Liste. Den Rest des Tages scrolle ich so langsam wie irgend möglich von 1 bis 48 400.
Bei 48 400 angekommen, ziehe ich die Decke wieder hoch. Und wieder weg. Und wieder hoch. Und wieder weg. Ich schaue auf die Uhr. Vier. Zus ist noch bei der Arbeit. Dann also raus.
Im Supermarkt fange ich an. Supermärkte sind in Hongkong viel schöner als in den Niederlanden. Neben Designerläden und tollen Restaurants gibt es auch Supermärkte und Kinos in den Shopping-Malls. Man kann überall kosten, sogar ein bisschen mit dem Koch mitkochen, wenn man Glück hat, und man kann gratis Kaffee trinken, noch dazu an einer sehr schönen Bar. Alle Obst- und Gemüsesorten sind exotisch, und alle Brühwürfel und Pulver ha-

ben rosa Designverpackungen, so dass man eigentlich immer Lust zum Einkaufen oder Kochen hat. Bei jedem Gang zum Supermarkt entdecke ich etwas Neues. Heute sind es getrocknete Fische, ganz kleine mit winzigen glänzenden Augen. Für die Misosuppe. Allein der Weg hierher ist ein Fest. Die Rolltreppe ist der ideale Ort, um Zeitung zu lesen, in einem Kaffeebecher zu rühren oder einfach ein bisschen herumzuhängen.

Als sich das erste Zwielicht über den Tag senkt, mache ich mich mit Hunderten getrockneter Fischchen in meiner Tasche auf die Suche nach meinem eigenen Bill Murray. Zwischen Tokio und Hongkong soll eine Welt der Unterschiede liegen, aber ich habe diese Welt noch nicht entdeckt. In der Lobby des Hotels, in dem Zus mir einmal die Aussicht gezeigt hat, verweist mich der Page auf den Lift, der mich etliche Stockwerke hinauf trägt, Richtung Bar. Ich nehme Platz, mit besten Chancen, meine Rechnung von einem Fleischkroketten futternden Randstad-Abenteurer bezahlt zu bekommen. Die Fackeln in dem Raum verbreiten ein warmes orangerotes Licht. Menschen in Mänteln strömen mit ihren Taschen und Regenschirmen herein. Jeder ist mit jedem zugange. Man redet, lacht, bewegt sich, verführt, macht und tut. Das Lokal ist nicht voll, aber gut besetzt. Es herrscht ein angenehmes Gleichgewicht zwischen Übersicht und Mysterium: Immer wenn man glaubt, alle Häupter gezählt zu haben, wird man wieder von einem neuen Anblick überrascht.

Und was für einem. In der grauen Masse dunkler, schlanker Anzüge und schwarzer Sekretärinnenkostüme leuchtet ihr rotes Kleid wie ein einsamer Stern am Himmel.

Schon am Eingang der Bar. Geräuschlos, ohne jemanden zu berühren oder ein Gespräch stören zu wollen, bewegt sie sich wie eine Schlange durch die Menge zu einem leeren Sofa. Aber jeder bemerkt sie, jeder atmet etwas von der Frische ihrer Erscheinung ein. Gespräche verstummen, Klaviernoten verschwinden im Pedal, Blicke weisen auf sie.
Sie setzt sich in die Mitte des Sofas und lässt ihren zerbrechlichen Körper in der weichen Wärme der hohen Polster versinken. Einen Moment lang verharrt sie reglos und schließt die Augen, als sei sie mit den Gedanken ganz woanders. Dann schlägt sie ihre langen Beine übereinander, so dass einer ihrer hohen Absätze in der Luft schwebt. Sie zündet sich eine Zigarette in einer langen schwarzen Zigarettenspitze an, als sei sie einem alten Schwarz-Weiß-Film entsprungen. Nur in Rot. Mit einem einzigen Zug macht sie die Bar zu ihrem Spielfeld. Sie hält die Zigarette hoch in die Luft und stützt einen Arm auf dem anderen ab, so dass sich ihr Dekolleté spannt.
Beim zweiten Zug an der Zigarette setzt das Stimmengewirr ebenso plötzlich wieder ein, wie es verstummt war. Die Rauchwolke, die sie vorsichtig in die Leere um sich herum bläst, kräuselt sich elegant aufwärts und verflüchtigt sich sacht im Raum. Der Pianist spielt weiter, aber die Atmosphäre ist nicht mehr dieselbe. Sie verändert sich mit jeder Bewegung der geheimnisvollen Frau in Rot, was sie selbst jedoch nicht im Mindesten zu berühren scheint. Erst als die Band »Lady in Red« zu spielen beginnt, zuckt ein mattes Lächeln um ihre Lippen, das ich gar nicht bemerkt hätte, wenn ich mich nicht irgendwie mit ihr verbunden gefühlt hätte.

Sie erinnert mich an die Oberhexe aus einem Märchen von Roald Dahl. Nicht weil sie krumm und hässlich wäre – alles an ihr ist elegant –, sondern weil sie mit den gleichen magischen Kräften einen ganzen Raum zum Schweigen bringen kann, ohne auch nur den Mund aufzutun.

Die Frau hat eine unbeschreibliche Wirkung auf mich. Vom Moment ihres Eintretens an habe ich jeden ihrer Schritte verfolgt, jede ihrer Bewegungen, mit denen sie so leise und unbeirrt durch die Menge geglitten ist, jedes Zusammenziehen der Muskeln in ihrem Gesicht, wenn sie die Zigarettenspitze an die roten Lippen setzt. Sie weckt etwas in mir. Eine Neugier, die mir im Hals brennt und von dort langsam abwärts wandert.

Ob sie eine Prostituierte ist? Eine von diesen Edelprostituierten, die hauptsächlich dafür bezahlt werden, die Einsamkeit ihrer Freier wegzustreicheln, und weniger dafür, sie von ihrer Geilheit zu befreien. Aber ich frage mich auch, ob ich nicht zu viele Romane gelesen habe, wenn ich glaube, dass selbst die Laken einer Hure romantisch sein könnten.

Dann steht sie auf und nimmt allen Schwung, den sie hereingebracht hat, wieder mit hinaus auf die regennasse Straße. Ich blicke ihr nach, bis die Türen das letzte Fleckchen Rot verschluckt haben. Dann stehe ich auf und laufe ihrem Schemen nach, doch bis ich draußen bin, ist sie schon in der Menge der Menschen verschwunden, die wie Lemminge durch die Straßen wimmeln.

So viele Menschen auf der Welt und so viele Menschen allein. Sie alle sehnen sich nach demselben, denken dassel-

be, fühlen dasselbe. Im Vorübergehen streifen wir einander. Auf der Straße und im Supermarkt rempeln wir einander an. In der U-Bahn stehen wir sogar dicht an dicht. Trotzdem ist da eine große Distanz, die erst abbröckelt, wenn ein gemeinsamer Bekannter uns als Rechtfertigung dient, einander die Hand zu geben.
Ich bleibe vor einer hohen Schaufensterscheibe stehen und betrachte mein Spiegelbild. Es ist dasselbe Spiegelbild, das ich heute Morgen gesehen habe, als sich mein Blick einen Moment lang im Fenster verlor. Oder das mich noch vor kurzem in Argentinien und Brasilien angeschaut hat, mit einer großen Kanne Matetee daneben. Schlimmer noch: Es ist dasselbe Spiegelbild, das ich sehe, wenn ich zu Hause in Amsterdam meinen Laptop aufklappe und eine Sekunde lang nach draußen blicke. Nur trinke ich da keinen Mate oder chinesischen Tee, sondern Kaffee. Ich sehe mich sitzen. Mich. In Hongkong. Im hippen Hongkong. Das Spiegelbild ist nicht mehr eine Angelegenheit von Wimperntusche, Eyeliner und schlank machenden Jeans. Nein, dieses Spiegelbild ist ein ganz anderer Spiegel. Eher ein Wegweiser. Während ich mir selbst in die Augen sehe, brodelt meine Verlorenheit, die mir irgendwo in Südamerika abhanden gekommen ist, wie schäumende Lava wieder hoch. Und das mit einer einzigen Bewegung, einem einzigen Gedanken, einem einzigen Augenblick. Sie sind gefährlich, diese Augenblicke, fragwürdig und gefährlich. Ein Zwinkern, und alles sieht anders aus. Der Augenblick wird dir genommen, noch während du dich darin befindest. Davon können selbst die Taschendiebe in Neapel noch etwas lernen.

Jenseits der Wimperntusche und der wuchernden Augenbrauen sehe ich etwas, das nichts heißt und mich mit dem Einzigen konfrontiert, was ich schon die ganze Zeit vor mir her in die Zukunft schiebe. Zwischen den Millionen namenloser Figuren um mich herum, die alle ein wichtiges Ziel zu haben scheinen, fühle ich mich ganz klein und allein. Man kann kein neues Leben anfangen, wenn das alte noch glüht. Und das Alte glüht allein im Namen der Person, vor der ich jeden Tag von neuem die Tür des Heute zu schließen versuche in der Hoffnung, dass sie eines Tages im Gestern steckenbleibt. Ich stehe noch immer vor einem leeren Raum, vor einem Neuanfang, ohne Planken, Stufen oder Wandhaken. Leer. Die Einzige, die den Raum füllen kann, bin ich. Ich bin die Zimmerfrau, die Malerin, die Innenarchitektin und die übermütige Designerin, denn ich bin die einzige Bewohnerin meines eigenen Lebens.

Ich beschließe, es zu wagen.

Ein Terminkalender.

Alle um mich herum haben Terminplaner. Filofaxe, Organizer, sogar Rolodexe, die überquellen von wichtigen Visitenkarten und Adressen. Ich habe nichts in der Tasche, nur ein leeres, kleines Heft, das ich immer bei mir trage, um Dinge zu notieren, die ich nicht vergessen will. Ich bin Schriftstellerin, und damit ist alles gesagt. Bah.

Bin ich wirklich verreist?

Oder tue ich nur so?

Auf der Suche nach einem Geschäft, in dem es Notizbücher gibt, komme ich an etwas vorbei, was mich an eine der Spielhallen am Nieuwendijk erinnert. Neugierig geworden durch ein paar kreischende Mädchen in weißen

Kniestrümpfen und Schottenröcken, die kaum bis über ihre rosa Slips reichen, trete ich ein.
Überall um mich herum machen sich Mädchen vor riesigen Spiegeln schön. Eine nach der anderen wirft sich ungeniert, wenn auch etwas nervös, in Pose. Als ich eine von ihnen genauer beobachte, sehe ich, warum. Das Ganze ist ein großes Fotoparadies mit einer Menge Kabinen und Schminkutensilien, wo man idiotische Fotos von sich selbst machen kann. Zwei junge Mädchen mit glatten schwarzen Haaren und langem Pony kichern, als ich vorbeigehe. Ich kichere zurück. In miserablem Englisch fragen sie mich, woher ich käme und ob ich hinter dem Vorhang mit ihnen aufs Bild wolle. Ich versuche ihnen zu erklären, dass das ein ziemlich mieses Foto werden würde, weil ich heute mit dem linken Fuß aufgestanden bin, aber ihr Englisch reicht kaum über *peace* und *hello* hinaus. Und so werden wir *»Hello«* rufend und mit hochgereckten *Peace*-Fingern aufs Bild gebannt. Es lebe die Kamera.
Obwohl sie mausetot ist, gibt sie noch immer den Ton an. Chantal ist in Mode, die blauen Schmetterlinge kommen mir überall entgegengeflogen: von T-Shirts an Kleiderständern, von CD-Hüllen der Kategorie hippe Hotelmusik, als Schaufensterdekoration, auf Einschlagpapier, selbst auf Museumsplakaten und auch auf den Terminplanern in der Schreibwarenabteilung der Buchhandlung. Mein Lieblingsschmetterling folgt mir überallhin. Oder folge ich ihm?
Auch diese Schreibwarenabteilung ist voll von Notwendigem, das ich noch immer nicht für notwendig halte. Ich wähle einen karierten Planer mit Chantals Markenzeichen,

so einen mit Wochenübersicht, damit man gleich sieht, dass man die ganze Woche nichts zu tun hat. Mit einer Tagesübersicht würde ich die Tage am Ende noch durcheinanderbringen. Die Seiten scheinen leer, aber das sind sie nicht. Unter dem leeren Papier sind sie in durchsichtigem Filzstift mit Fragezeichen vollgeschmiert, und sie sehen mich alle durchdringend an.

Ich werfe noch einmal einen Blick in meinen leeren Terminplaner. Ich weiß nicht, was schlimmer ist, keinen Terminkalender zu brauchen oder einen aufreizend leeren Terminkalender auf dem Tisch liegen zu haben. Aber hinter diesem wechselnden Spiel des Fallens und Aufstehens entdecke ich allmählich ein System, das mich von der Einheit von Kommen und Gehen, von Leben und Tod, von Anfang und Ende überzeugt.

Am Abend will ich nicht ins Bett, weil die Nacht alles schlimmer macht, alles vergrößert, was bei Tageslicht noch zu ertragen war. Morgens will ich nicht aufwachen. Ich will mich in meinen Träumen verstecken, in denen alles so viel einfacher scheint als in Wirklichkeit. Endlich falle ich in einen tiefen Schlaf.

Ich wache in Istanbul auf. Aber das darf ich nicht schreiben, denn das kann ich jetzt noch nicht wissen. Ich weiß nur, dass ich auf einem weichen weißen Kissen liege. Dass ich in Istanbul aufwache und nicht in Hongkong, ist eine Tatsache, der eine bestimmte Kombination von Umständen vorausgegangen sein muss, davon bin ich überzeugt, allerdings komme ich im Moment nicht darauf.
Istanbul?
Ich erinnere mich.
Nein, ich erinnere mich an nichts.
Oder doch? Eine Maske in Schwarz und Weiß. Noch eine. Und da, noch eine. Allerlei Masken in Schwarz und Weiß tauchen in meinem Gedächtnis auf. Ich sehe auch violette, rote und gelbe Kleider. Große, dunkle Augen mit so dichten, langen Wimpern, dass man eine Decke daraus weben könnte. Ein alter Wahrsager mit drei weißen Kaninchen. Schwitzende Männer. Glatte schwarze Haare. Das muss vor der Landung gewesen sein.
Ich linse unter die Decke. Bis auf meine Sandalen habe ich noch alles an: eine schwarze Kombination aus Slip, BH und einem Glitzerkleid, dessen Pailletten jetzt lose in einem sehr großen Bett liegen.
In einem großen Bett?
Ich blicke zur Seite.

Niemand.
Interessant.
Ich richte mich ein wenig auf, mache Licht und sehe mich im Zimmer um. Eindeutig ein Hotel. Ich erkenne nichts wieder. Nicht den Duft des Daunenkissens in meinem Rücken, nicht die Berührung der frischen Laken, wie sie zu Hunderten aus einer Maschine kommen, nicht die Geräusche der Zimmermädchen draußen auf dem Flur.
Ich sehe zusammengefaltete Handtücher, ein Betthupferl, wahrscheinlich etwas Süßes, einen Breitbildfernseher und ein Sofa – so eines, das zu einer Engländerin der Zwanzigerjahre mit gewelltem Haar, langem Satinkleid und Seidenhandschuhen bis über die Ellbogen passen würde –, weiche Pantoffeln auf dem Boden, ordentlich nebeneinander, so dass man beim Aufstehen gleich hineingleitet. Und das alles in einem overstylten Interieur in Weißlich-Beige mit Goldtönen da und dort. Ein unheimliches Gefühl beschleicht mich. Ich bin in einem sehr schicken, teuren Hotel, so viel steht fest, und niemand liegt neben mir.
Ich stehe auf und gehe zum Fenster, aus dem ich einen großen Teil der Stadt überblicken kann. Das ist der Moment, in dem ich offiziell registriere, dass ich in Istanbul bin. Ich sehe nämlich zwei große Moscheen, die sich wie riesige Spinnen zwischen den Häusern erheben. Es sind die Blaue Moschee und die Hagia Sophia, lese ich in der Broschüre, die auf dem Fensterbrett liegt. Die Stadt windet sich wie eine Schlange den Bosporus entlang, einige Teile sind hinter bebauten Hügeln verborgen, andere kommen hinter einer Bucht zum Vorschein.
In der Broschüre lese ich weiter, dass sich neben den Mo-

scheen der Palast des letzten Sultans befindet, der 1919 gestürzt wurde: der Topkapi-Palast. Dass die Blaue Moschee wegen ihrer blau-weißen Fliesen so heißt. Und dass sie eine der ersten osmanischen Moscheen ist, die man mit Fug und Recht als architektonisches Wunder bezeichnen darf, nicht nur wegen der schönen Gestaltung, sondern auch wegen ihres Belüftungssystems.
Ich lege die Broschüre weg und blicke wieder auf die Stadt hinaus. Unterhalb des Hotels steht ein großer Palast. Ein Dutzend Figürchen in gutgeschnittenen Uniformen marschiert dort emsig im Kreis. Links von mir ist die Brücke, der Geert Mak mit seinem Buchwochengeschenk 2007 ein Denkmal gesetzt hat. Das Buch habe ich von Timo bekommen.
Istanbul.
Ich betrachte die Moscheen, die marschierenden Figürchen, die Brücke, den Bosporus, und in allem, was ich sehe, entdecke ich ein Stück Timo. Timo hat diese Stadt geliebt. Sehr sogar. Er konnte mir stundenlang davon erzählen, wenn wir aneinandergekuschelt am Kaminfeuer saßen. Das waren meine liebsten Momente mit ihm: nach einem Tag im Bademantel abends noch lange am Feuer reden, an einem Sonntag, der mit Timo erst ausgefüllt wurde. Habe ich diesen Mann tatsächlich losgelassen? Dadurch, dass ich ohne ihn in Istanbul aufwache?
Ich kenne Istanbul aus seinen Geschichten von den Türken, die ihn so beeindruckt haben, und aus seinem Skizzenbuch, in das er mit rotem Stift die Träume zeichnete, die die Stadt in ihm weckte. Jetzt bin ich hier und blicke auf dieselbe Meerenge hinaus, dieselben Schiffe, dieselben

in der Ferne im Dunst verschwimmenden Berge, und ich weiß genau, warum.
Die Aussicht ist magisch. So magisch, dass die Minuten vorbeigaloppieren, ohne dass ich mich auch nur einen Zentimeter bewege.
Es klopft.
»Sophie?«
Oje. Wer ist das? Soll ich antworten? Mehrere Stimmen eilen mir zu Hilfe.
Was hängt da an meinen Klappschlittschuhen?
Neiiin!
Welche Schuhgröße?
Wer bist du?
Mein Herz sagt mir, dass es vernünftiger wäre, nicht zu antworten und stocksteif stehenzubleiben, um mich nur nicht zu verraten. Aus irgendeinem Grund will ich gar nicht wissen, wer sich da vor der Tür bewegt und durch den Spalt so schaurige Schatten auf meinen – seinen? – Teppichboden zeichnet.
»Sophie?«
Das Geräusch einer Karte, die in die Tür geschoben wird.
Klick.
Mist.
Die Tür geht auf und nimmt einen Lichtstreifen aus dem Flur mit.
Mein Mund geht auf, aber es kommt nur ein Flüstern heraus. »Hi.«

Zurückgeworfen in das Schachspiel, das ich gerade verliere, habe ich mit dem beiläufigen Zug, mit dem ich gestern

Abend einen meiner Bauern verschoben habe, soeben meine Königin enthauptet. Viele Schritte braucht es nicht mehr bis zum Stillstand. Drei, um genau zu sein. Wie gesagt: Ein paar Extrastunden könnten nicht schaden.

Würde sich mein Leben wie ein Roman lesen, wäre der Leser jetzt in den spannendsten Teil vertieft, an dem Punkt, an dem es für mich nur noch bergauf gehen kann – das heißt für den Leser bergab. Man kann einen Moment nicht neu schreiben, so wenig, wie man ihn neu beleben kann. In diesem Fall bin ich auf Letzteres auch nicht so scharf. Jemand steht vor mir, und ich habe keine Ahnung, warum. Oder wie. Und warum. Und wie. Ich schaue und schaue und frage mich, mit welchem Bauern ich diesen falschen Zug getan habe. Wenn ich ihn zu fassen bekomme, werfe ich ihn der Königin gleich hinterher. Idioten.

»Du siehst ein bisschen blass aus.«

Ich murmle irgendetwas, das ich nicht buchstabieren kann.

»Sophie, geht's dir gut?«

Gut? Im Sinne von froh? Zum Lachen aufgelegt? Nicht schlecht? Zufrieden mit den Entscheidungen, die ich treffe? Vielleicht sogar ein bisschen stolz auf die Schritte, die ich tue? Froh? Zum Lachen aufgelegt?

NEIN. Letzteres vielleicht ein bisschen, nicht aus Freude, sondern über den gigantischen Scherz, dessen Opfer mein Leben heute ist.

Das Hotelzimmer ist eines von der Sorte, in dem man fünf Minuten lang hin und her gehen kann, ohne dasselbe Stück Teppich oder dasselbe Stück Luft zu berühren. Trotzdem ist der Raum zu eng, um frei darin atmen zu können, und zu klein, um der magnetischen Anziehungskraft seines Körpers zu entkommen. Wieder frage ich mich, ob ich mir diesen teuren Scherz nicht selbst ausgedacht habe. Er würde nämlich gefährlich gut in mein Profil impulsiver Torheiten passen. Zum Beispiel als ich den japanischen Yen falsch umgerechnet habe und um ein paar Nullen ärmer zurückgekommen bin als geplant. Die Folge waren zwei Monate Cracker. Auf diesen Fehler geht übrigens auch das schwarze Paillettenkleid zurück, von dem jetzt mehr Pailletten auf dem Laken liegen, als mir noch am Leib kleben. Zum Beispiel als ich die Schwester meines neuen Freundes lächerlich gemacht habe, um gleich darauf zu erfahren, dass sie zukünftige Verwandtschaft ist. Zum Beispiel als ich etwas so Besonderes sein wollte, dass ich nicht mit einer Albert-Hein-Tüte nach Hause kam – Dirk-van-den-Broek-Tüten waren gerade in Mode –, sondern mit einem Rhabdomyosarkom. Und jetzt zum Beispiel dieses unselige Aufwachen in Istanbul und ein gefährlich nahes Schachmatt.

Wieder höre ich mich etwas murmeln. Es erinnert mich an einen Schuh, der über eine Fußmatte streift.

Ein Schuh streift über eine Fußmatte. Ich stehe wie angewurzelt auf einem schwarzen Feld des Spielbretts. Eine Kombination aus Superkleber und Nägeln hält mich am entscheidenden Punkt fest. Meine Königin liegt als ein trauriges Häuflein neben mir, ihr Kopf ist inzwischen vom Brett gerollt. Zu meiner Rechten beschützt mich ein Läufer, ein Stück davor ein Springer, schräg links vor mir steht einer von diesen dummen Bauern.

Ich will nicht, dass er auf mich zukommt. Ich habe so lange

festgehalten an dem kleinen bisschen Hoffnung, das ich nicht aufgeben konnte. Aber nun ist es zu spät. Das bisschen Hoffnung, das mir aus der Türöffnung zulacht, hat mich schon wieder im Griff und lässt mich die Erinnerung an die vernichtende Gefahr vergessen. Ich will, dass er auf mich zukommt.

Er kommt auf mich zu. Langsam kommt er näher, Stück für Stück. Ich höre nicht nur das Geräusch seiner Füße auf dem weichen Hotelteppich, sondern auch, wie die Ärmel an seinen Seiten vorbeistreifen und wie sich seine Lunge füllt und leert.

Er steht vor mir und kneift mich leicht in die Oberarme, dann zieht er mich vorsichtig, aber ohne auf Widerstand zu stoßen, an sich. Er ist jetzt so dicht vor mir, dass er die Empörung spüren muss, die mir langsam und gemeinsam mit den Tränen über die Wangen rollt.

Wir stehen eng aneinandergeschmiegt da. Meine Schultern berühren seine Brust, sein Schritt berührt meinen Nabel, meine Hüften berühren seine Schenkel, seine Knie berühren den Ansatz meiner Oberschenkel. Wieder streicht die Zeit an mir vorbei. Das glaube ich zumindest an meinem Herzschlag zu hören, der nach und nach einen harmonischen Rhythmus annimmt.

»Du hast mir gefehlt.«

Das *mmuwhhh* wird zu einem »Du mir auch«.

»Was machst du denn hier?«

»Weg sein.«

Dieses Lachen.

»Und, bist du's?« Seine knallblauen Augen durchbohren mich.

Ich weiß nicht, was ich antworten soll. Wenn ich nein sage, breche ich damit womöglich die wunderbare Umarmung ab. Wenn ich ja sage, werde ich womöglich später von denselben Armen zerquetscht. Ich beschließe zum zweiten Mal in dem kurzen Gespräch, nichts zu sagen. Schweigen wird gewaltig unterschätzt.

»Es war so schön, dich heute Nacht wiederzusehen.«

Heute Nacht? Es kommt schon mal vor, dass ich ein, zwei, drei – okay, vier – Gläser mit leckeren Minzeblättern drin zu viel trinke, aber eine ganze Begegnung wegtrinken, diesen Cocktail habe ich noch nie probiert. Heute Nacht? Bilder von Akkordeons und Tanzgeräusche kommen hoch, aber kein Timo. Geschweige denn ein Flughafen. Davon abgesehen bin ich in Kleidern aufgewacht.

»Was machst du hier? Und noch wichtiger: Was mache ich hier?«

Wieder dieses Lachen, das geradewegs durch mich hindurchschneidet. Alles vibriert. Ich muss daran denken, wie ich alles, was an uns nicht perfekt war, perfekt machen wollte. Ich spielte die perfekte Freundin, immer vergnügt und leichtfüßig, immer verständnisvoll und großzügig. Eine dieser Frauen, die scheinbar mühelos ein Gericht nach dem anderen auf den Tisch zaubern.

Ich versteckte die Einseitigkeit der Beziehung hinter einem Schauspiel an Aufmerksamkeiten für zwei. Ich sehe mich noch, wie ich in meiner Unsicherheit und meinem Übereifer hinter meiner sicheren Haustür eingestaubte Kochbücher studiere statt der Titelseite der Zeitung. Wenn ich jetzt daran denke, was alles nicht perfekt war, erscheint mir meine Elftausend-Kilometer-Flucht noch harmlos.

»Wie …«

»Wie du hierhergekommen bist? Belassen wir's dabei, dass das Schicksal ein bisschen nachgeholfen hat. Und der Wahrsager mit seinen Kaninchen auch.«

»Kaninchen?«

»Ja. Hast du Appetit? Unten wartet ein köstliches Frühstück.«

Das Frühstück dauert mindestens so lange wie unser erstes Frühstück. So ist das mit ersten und letzten Dingen. Sie haben von Haus aus etwas von einem Superlativ an sich, etwas Unschlagbares. Im Frühstückssaal fühle ich mich sofort in den Frühstückssaal in Granada zurückversetzt, also zu jenem ersten Frühstück. Posteingang. Neue Nachricht. Anzeigen.

Magst du Affen?

Neue Nachricht. Senden.

Nur wenn sie ganz, ganz klein sind.

Neue Nachricht. Anzeigen.

Willst du am Samstag Affen betrachten?

Textantwort. Senden.

Geht nicht. Bin in Spanien.

Neue Nachricht. Anzeigen.

Die Affen sind ganz in deiner Nähe.

Ich lag im Bett, als ich diese letzte SMS las. Mein ganzer Körper begann zu prickeln. Als würde er schon von seinen Händen gestreichelt. Samstag. Es war erst Mittwoch. Wie lang diese Tage waren. Und die Nächte …

Am Samstag sahen wir uns in Gibraltar Affen an. Das heißt eigentlich nicht direkt – wir sahen mehr uns an. Das war vor gut einem Jahr. Und am Sonntag aß ich ein gekochtes Ei zum Frühstück. Das gekochte Ei war damals noch frei von Heidelberger Assoziationen. Es war einfach ein gekochtes Ei, das man mit Salz und Tomate aufpeppen kann. Und vor allem war es ein Ei, an das ich mich noch lange erinnern sollte.

Der Morgen war voller Gegensätze, voller Überraschungen. Alle meine Nerven kribbelten, und zugleich fühlte ich mich unerklärlich wohl. Ich war mit einem Mann eingeschlafen, dem ich erst ein einziges Mal die Hand gegeben hatte, aber ich hatte so geträumt, als hätte er schon immer neben mir gelegen. Vor dem Spiegel hatte ich mich sorgfältig zurechtgemacht für den Mann, der mir gegenübersaß und in seinem Kaffee rührte, und zugleich wollte ich keinen Pickel und keine wuchernden Augenbrauen vor ihm verbergen. Ich war unsicher und gleichzeitig voller Selbstvertrauen.

Auch heute ist Sonntag, und auch heute esse ich ein gekochtes Ei, aber ein Gegensatz ist nicht zu erkennen. Außer dass ich gestern in Hongkong war und heute im europäischen Teil von Istanbul bin. Wer schon mal dort war und ein bisschen auf die Menschen geachtet hat, der weiß, wovon ich rede. Einen Moment lang muss ich wie immer laut lachen, als ich daran denke, wie er mich, die Hände in den Seiten und einen Fuß auf dem Bett, voller Stolz ansah, nachdem er nicht etwa eine Mücke tot-, sondern ein Loch in die Wand geschlagen hatte. Doch als das Lachen aufhört und die Eier aufgegessen sind, steigt dasselbe Unbehagen wie damals in mir auf. Ich bin unsicher, verletzlich, ängstlich, nicht hübsch genug, nicht gescheit genug, nicht Frau genug für den Mann, der inzwischen in seinem zweiten Kaffee rührt.

»Sophie, ich weiß, dass ich dir oft weh getan habe, und ich verstehe auch, warum du weg bist, aber ich will dich bitten, noch auf mich zu warten.«

»Zu warten?«

»Ja. Ich spüre, dass ich ein ganzes Stück weiter bin als damals, als wir uns kennengelernt haben.«

»Weiter?«

»Ich weiß, das ist viel verlangt, aber ich muss noch einiges aufräumen.«

»Aufräumen?«

»Ja.«

»Gibt es so etwas wie auf die Liebe warten? Ich warte schon acht Monate. Woher soll sie kommen? Aus Afrika? Aus Neuseeland? Aus Istanbul jedenfalls nicht. Ich gehe nicht zurück in die Küche aus diesem Theaterstück. Ich bleibe hier, Timo. Ich reise weiter allein herum, meine ich.«

So blieben wir noch eine Zeitlang sitzen und seufzten über die Stille hinweg, und unsere Augen wollten einander nicht loslassen. Es war das letzte Frühstück und das längste von allen. Bis auf das erste. Aber das erste gewinnt immer.

Manchmal trifft man eine Wahl, die, würde man sie mit einer altmodischen Waage wiegen, die linke Waagschale auf dieselbe Höhe bringen würde wie die rechte. Dass eine Seite schwerer ist, tut nichts zur Sache, der Unterschied ist so gering, dass er nicht messbar ist. Man wählt lieber nicht, Wählen ist immer eine Form des Verlierens, auch wenn man es später in einen Gewinn ummünzt. Man wählt, was einem in dem Moment zugeflüstert wird, was einem als das Beste erscheint. Das kann links sein, das kann rechts sein. Das kann Verlust sein, das kann Gewinn sein. Fifty-fifty. Dass man den Schmerz dieser Wahl immer spüren wird, weil die Folgen nicht mit der Waage zu messen sind, das wird man später einmal im Großmuttersessel den Enkelkindern erzählen in Form eines Märchens, in dem Prinzen Prinzessinnen retten, wenn sie nicht unterwegs von tief fliegenden Drachen aufgefressen werden.

Ich stehe auf. Timo bleibt sitzen. Als ich in das Hotelzimmer zurückkomme, ist der Klang der Worte, der sich vor ein paar Stunden überall im Zimmer eingenistet hat, verschwunden. Nichts mehr ist übrig von unserem Atem, der wie eine Wolke in der Luft gehangen hat, nichts erinnert mich mehr an unser Verlangen, das noch vor kurzem das ganze Zimmer ausgefüllt hat. Zusammen mit den Pailletten haben die Zimmermädchen alles weggefegt. Ich schlafe ein in einem Bett, dessen Geheimnisse und Intimitäten schon tausendmal von den riesigen Waschmaschinen des Hotels verschluckt und ausgespült worden sind.

Am Nachmittag träume ich wieder, ich sei schon fast am anderen Ufer, da reißt mich eine starke Strömung mit, in der ich kaum vorwärtskomme. Ich schwimme und schwimme gegen den Strom, aber ich komme keinen Meter weiter. Ich kann das Ufer sehen. Die Berührung des Gelobten Landes mit dem Meer. Den weichen Sand. Das satte Grün, das in der gleißenden Sonne leuchtet. Ich versuche mich durchs Wasser zu kämpfen, doch je kräftiger ich mich in die Strömung werfe, desto mehr Zweifel kommen mir, ob ich das Ufer überhaupt erreichen will. Etwas in mir, etwas, das nur durch die Zeit gedämpft werden kann, zieht mich dorthin zurück, wo ich herkomme. Dorthin, wo meine Hoffnung am größten ist.
Dann erschlafft der Griff der Strömung um meine Arme und Beine, und ich bahne mir einen Weg in ruhigeres Wasser. Es glückt. Ich schwimme vorwärts, immer weiter von der Strömung weg und immer näher in den Schatten des Landes, der vor mir auf den Wellen tanzt.
Als ich aufwache, sieht die Welt anders aus. Oder vielleicht sehe ich nur andere Dinge, wie es mir öfter passiert, wenn ich den Kopf von irgendetwas voll habe und mit neuen Augen in die Welt blicke. Die Wolken vor dem Fenster hängen still in der Luft, die Vögel sitzen wie gefrorene Skelette auf den Ästen der Bäume, die Sonne ist ein großer gelber Ball, ohne Streifen und ohne andere Farben. Aus diesem Stillstand kann ich die natürliche, wundersame Bewegung wahrnehmen ohne das Bedürfnis, dagegen zu protestieren. Das Wunder ständiger Veränderung, das Wunder der Passagiere, die in meinem Leben ein- und auschecken.

Des Handelns ohne Grund. Der Dinge, so wie sie sind. Es ist okay.
Dann fliegt ein Schwarm Schwalben vorbei, die sich in einem der hohen Bäume auf dem Platz vor dem Hotel sammeln, um ihre Reise nach Süden anzutreten. Ihr Instinkt fasziniert mich. Der Schwarm wird größer und größer, bis jeder Zentimeter der Zweige besetzt ist und sie in Gruppen von vielleicht zwei- oder dreihundert nacheinander in die Ferne fliegen.
Ich mache mich bereit, in dieselbe Ferne zu reisen. Nur wartet hinter meinem Horizont keine glühende Sonne, sondern eine mittelalterliche Stadt namens Amsterdam. Die Schwalben fliegen in Richtung Hafen, wo das Schiff nach Odessa ausläuft. Ich habe viel über die Passage nachgedacht – nach vierzig Stunden erreicht man die Treppe von Odessa – und mir gewünscht, einmal selbst an Bord zu gehen und über den Bosporus zu fahren. Ich bin auch an den Kai gegangen, habe mich jedoch nicht in die Schlange der Passagiere eingereiht. Stattdessen blicke ich der alten Fähre nach und winke dem Land des Gestern einen ausgeträumten Traum hinterher. Das Spiel hat sich gewendet. Wieder heißt es schachmatt, aber dieses Mal lache ich zuletzt.

In all der Zeit, seit ich unterwegs bin, in allem, was ich tue, bewege ich mich in einem Radius von hundert Metern um den Tod herum. Ich habe ihn nicht zu Hause zurückgelassen, sondern ihn zusammen mit meinen Kleidern eingepackt. Er ist immer da, denn er erinnert mich ständig an die Zeit, die mir noch gegeben ist. Er lässt mich nicht los.

Egal, ob ich beschließe, zu rennen oder stehenzubleiben. Der Tod folgt mir, und ich folge ihm.
Aber ich will nicht länger vor ihm davonlaufen. Ich will, dass er mich führt, und nicht, dass er mich hetzt. Ich will nicht zurück in die Zeit der Langeweile und der leeren Sonntage, doch ich will zurück in die Zeit des Wartens auf den Bus, ohne dass Millionen Ameisen an meinen Gedanken knabbern, jede mit ihrem eigenen Willen. Ich will mich wieder verankern an mehr als einer Weltreise. Denn ein Moment ist nichts wert, wenn man keine Vergangenheit hat, an der man sein Glück überprüfen kann, oder keine Zukunft, auf die man seinen Tag ausrichten kann. Ein Moment ohne Gestern und Morgen ist letzten Endes nicht mehr als die ständige Wiederholung desselben Fragments in einem anderen Umfeld.

Ich reise ab in der Stille der Dunkelheit, irgendwann zwischen Nacht und Tag, als mit dem Öffnen der eigenen Augen auch die Welt zu erwachen scheint. Die Zahl der Menschen am Flughafen ist nicht größer als die der landenden und startenden Maschinen.
Im Flugzeugfenster erscheint das erste Stück Niederlande, mit rechteckigen Flächen, wie sie über das ganze Land gezeichnet sind. Die Häuser werden immer größer, die Bäume immer grüner, und der Asphalt von Schiphol kommt immer näher. Plötzlich höre ich auf, leise und unauffällig zu sein, als mir ein Zittern über Nacken und Rücken kriecht, das meinen Körper feucht und meine Wangen rosig macht. Ich bin gelandet. Mein Wettlauf gegen die Uhr ist zu Ende.

Heaven must be missing an angel

TAVARES

Es stürmt und regnet in Amsterdam. Der Landrover steht allein und triefend da, noch an seinem alten Platz. Mit dem Anlassen des Motors und dem Lösen der Handbremse trete ich wieder ein in eine Welt, deren Tür ich im Grunde nie schließen konnte. Vielleicht muss ich erst dorthin, um sie fest ins Schloss fallen zu hören.
248 354 lese ich auf dem Display. In den gefahrenen Kilometern verbirgt sich nicht nur Chantals letzte Ruhestätte, sondern auch die Abreise von der Geisterinsel der Erinnerungen, die ich seitdem bewohne. Schon so lange, dass ich mich fast zu Hause fühle zwischen alldem, was keine Hand hat, die man berühren könnte.
Es ist viel Verkehr. Es ist dunkel. Und es ist nass. Ich sehe nicht viel mehr als Nebel, Scheibenwischer und rote Rücklichter. Ich bin in aller Frühe abgereist, weil ich keinen Schlaf mehr finden konnte nach dem kleinen Tornado, der um halb sechs über mein Dach zu fegen schien.
Wieder nach Heidelberg also, ein Name, der für mich nie mehr ein Urlaubsziel bezeichnen wird, mit bunten Hänsel-und-Gretel-Häuschen, alten Burgen und Schlössern. Mit dem Wiedererkennen des Asphalts, über den ich fahre, strömt die Brutalität der Vergänglichkeit ein Stückchen weiter in meinen Körper. Ich halte fest, auf jede Art, die mir gegeben wird. Eine rot-weiß karierte Bluse, auch wenn

sie vor Kummer zerreißt. Ein nachlässiges Gekritzel in einem Buch. Ein zerrissenes Foto. Ein Hemd, das mich zum Narren hält, jedes Mal wenn ihr Geruch mir in die Nase steigt und mich einen Moment lang vergessen lässt, dass nur noch das Hemd da ist. Wenn die Bluse verloren geht, das Buch ausgelesen ist und meine Mutter das Hemd versehentlich gewaschen hat, dann genügt die Erinnerung. Doch auch Erinnerungen haben es wie Fotos so an sich, dass sie vergilben.

Das Alte schwebt wie ein unsichtbarer, am Hals gebundener Umhang über meinen Schultern hinter mir her, in die Luft hinein. Schon mehrmals bin ich von dieser Präsenz in meinem Leben irregeführt worden. Wenn ich schnell laufe, ist es, als könnte der Umhang nicht mit mir Schritt halten, aber immer wieder komme ich an einen Punkt, an dem ich verschnaufen muss, und dann fällt der weiche Samt um meinen müden Leib. Er ist da, immer.

Es gelingt mir einfach nicht, die Schnur aufzuknoten. Denn unter dem Umhang kann ich so tun, als wäre noch alles beim Alten. Da kann ich an einen Ort reisen, an dem der Tod noch kein Mythos ist und kein Wegweiser in einer Sumpflandschaft. An einen Ort, an dem mich kein Foto anlacht, sondern Chantal selbst.

Die Minuten dauern nie lange. Ganz kurz sogar nur. Sie sind so flüchtig wie der Moment, in dem die Nacht im Morgen aufgeht und die Träume von den Gedanken übernommen werden, wachgerüttelt vom Wecker neben dem Bett. Irgendwo dort, zwischen Tag und Nacht, Licht und Dunkel, Schlafen und Wachsein gibt es keine Trennlinie mehr zwischen Wirklichkeit und Fantasie. Da kann man

alle seine Träume festhalten und alles löschen, was Wirklichkeit geworden ist.
Manchmal brauchen wir Stille, um zu hören, was wir hören sollen, und zu sehen, was wir sehen sollen. Oder einfach, um Dinge zu bemerken. Dinge wie zum Beispiel Knoten, die gelöst werden müssen, weil sie viel zu eng sind und alles ersticken. Aber manchmal ist schon das Geräusch eines leise zu Boden fallenden Umhangs zu viel.

Ich fahre über die Grenze, und plötzlich ist es trocken. So war es voriges Jahr auch. In Amsterdam hat es aus Kübeln geschüttet, aber in Heidelberg schien die Sonne. Heute auch wieder. Das ist gut so, denn ich habe die dunklen Gläser meiner Sonnenbrille bitter nötig.
Allerlei seltsame Gedanken schwirren mir im Kopf herum: Ob Chantal noch weiß, wer ich bin? Und: Ob ich gelegen komme? Sehr seltsam, in der Tat. Ein Toter sollte keinen vollen Terminkalender haben, scheint mir. Aber ich komme ja unangekündigt zu Besuch. Keine Karte, kein Anruf, nichts.
Köln. Frankfurt. Mannheim. Heidelberg. Ich komme früher an als letztes Mal. Das liegt vor allem an der Zeit, 5.30 Uhr, und an den achttausend Kilometern Erfahrung gegenüber null Kilometern Erfahrung. Es ist nicht Abend und dunkel, sondern Mittag und hell, als ich den Stadtrand von Heidelberg erreiche. Ich fahre dieselbe Strecke zum selben Hotel mit demselben jungen Mann in derselben Cordweste an der Rezeption. Als ich auch am selben Tisch Platz nehmen will, ist das Maß offenbar voll. Der Tisch ist besetzt. Dann eben etwas abenteuerlicher. Als ich das Hotel

verlasse, bewegen sich meine Füße nach links, in die Richtung, die sie gewöhnt sind: zum Krankenhaus. Das scheint mir heute Abend etwas überflüssig. Also gehe ich nach rechts und gelange durch ein anderes Gassengewirr in die mir noch bekannte Hauptstraße. Gelassen passiere ich die Touristeninformation und sehe auf einem Stadtplan, dass der Friedhof nahe beim Schloss liegt. Da es inzwischen dunkel geworden ist, verschiebe ich meinen Besuch auf den nächsten Tag.

Der Kaffee schmeckt noch genauso und die gekochten Eier auch. Vom Hotel zum Friedhof ist es ein gutes Stück zu Fuß. Vierzig Minuten, um genau zu sein. Während ich dem Stadtplan folge, bedrängen mich dieselben Fragen wie auf der Fahrt hierher.

Ob da ein Wegweiser ist? Ein Verzeichnis? Eines, das nicht angibt, wo es Bettzeug und Parfüm zu kaufen gibt, sondern wo Elvis Presley, Oscar Wilde und Chantal Smithuis ruhen.

Die Straße führt um mehrere Biegungen bergauf. Ich gehe ein paar Minuten am Friedhof entlang zu einem großen Tor, dem Eingang, der zu der Kapelle führt, in der wir Abschied genommen haben. Allmählich komme ich an im Land des Gestern, wo ich endlich meinen Umhang lösen will. Beim ersten Knoten bekomme ich Besuch von einem beruhigenden Gedanken: Das Gestern hat einen Vorteil gegenüber dem Heute und vor allem dem Morgen. Es läuft nicht weg. Niemals.

Bei der Kapelle angekommen, fällt mir ein, dass ich ja gar nicht weiß, wo Chantals Asche ruht. Ich gehe also erst nach links und dann auf demselben Weg wieder ganz nach rechts. Dann wird es schwierig: eine Gabelung. Eine Kreuzung sogar. Ich bleibe einen Moment stehen und folge mit den Augen den langen Baumstämmen himmelwärts. Noch ein seltsamer Gedanke: Verkehrsschilder auf dem Friedhof. Einbahnstraße und Sackgasse.

Ich biege wieder nach links ab. Der Weg endet nicht an einem Fluss. Siddharta findet seine Antworten ja bei einem Fährmann an einem Fluss. Oder vielleicht sollte ich schreiben »hört bei einem Fährmann an einem Fluss auf zu suchen«. Das ist doch dasselbe. Er muss lachen vor Glück an dem Fluss, der ihn zurückbringt zum Kern des Lebens. Zum Leben selbst. Aber als ich so zwischen den Toten umherirre, habe ich vergessen, dass Siddharta eine Romanfigur ist, während die Grabsteine um mich herum echt sind. Ebenso, dass es ja nun wirklich einen Unterschied gibt zwischen einem Roman und einer Biografie. Denn im Roman wird die Wirklichkeit immer romantisiert. Auch unbewusst, schon wenn man nach einer Formulierung sucht. Im Grunde sind Worte nur ein betörender Extrakt dessen, was wirklich ist. Sie sind die Höhepunkte der Gedanken. Die Insel der Inseln.

Mein Weg endet an einem gusseisernen Tor mit einem glänzenden Kupferknauf. Dahinter geht der Weg weiter, mit großen grauen Platten im Gras. An der letzten Platte steht eine Art romanischer Altar, schlicht, aber wunderschön. Ich muss lachen. Viel zu laut für jemanden, der allein ist. Ich komme mir vor wie eine furchtbar dumme Gans. Was glaube ich denn zu finden bei diesem Tor, diesen Bäumen, die so sorglos ihre Blätter auf den Rasen schütteln

und Schatten ins Gras zeichnen? Eine Anleitung? Ein goldenes Ticket? Eine Lösung? Chantal?
Nicht dass ich wirklich auf der Suche nach einem Fluss wäre, aber irgendein Wegweiser wäre schon schön. Ein Schild, auf dem FLUSS steht oder ANTWORT. Oder noch besser CHANTAL. Ich lasse mich unter einer der großen Pappeln nieder, an den Stamm gelehnt, in einer Hand das Manuskript, in der anderen eine Blume. Lange Zeit bin ich still, doch dann fange ich an zu reden und schalte mich ein in das Tischgespräch, das ich vor einem Jahr begonnen, jedoch nie zu Ende gebracht habe. Es ist das Gespräch zwischen der Liebe und dem Tod. Sie sitzen einander gegenüber, X und Y. Der Tod als unsichtbarer Gast auf einem leeren Stuhl am Tischende, der Stuhl unberührt und voller Erinnerungen an das letzte Dinner.

Liebe Chantal,
Ich habe so viel an diesen Moment gedacht, dass mir der Unterschied zwischen Biografie und Fiktion irgendwo unterwegs abhanden gekommen ist. Aber jetzt bin ich hier. Die Wirklichkeit verändert alles, wenn sie mit ihrer spitzen Feder durch die sanfte Handschrift meiner Fantasie kratzt. Eigentlich habe ich ohne meine Fantasie keine Ahnung, wie das geht, mit einer Toten zu sprechen. Darüber hätte ich noch länger nachdenken müssen. Ich weiß auch nicht recht, was ich dir sagen will. Trotzdem habe ich dir so viel zu erzählen, dass ich hier ein Campingzelt aufschlagen könnte. So eins mit Gaskocher und Regenschutz und einem albernen Vorzelt. Eines, das sich von selbst ausklappt, wenn man es aus der Verpackung nimmt. Geschickt bin ich immer noch nicht.

Ich denke oft an dich, täglich sogar. Aber nicht nur an dich, auch an alles, was sich in dem Karton des Gestern versteckt hat. Verrückt, dass dieser Karton so vieles bestimmen kann. Aber ich vermisse dich nicht gigantisch. Eigentlich vermisse ich dich vor allem, wenn etwas Neues geschieht. Erst dann spüre ich, dass du nicht da bist, einfach weil du nicht mehr Teil des Neuen bist. Das Neue wird nie dein wunderschönes Lachen kennen.

Während ich so mit Chantal rede, verflüchtigen sich meine Unsicherheiten, und ich fühle mich immer besser. Es überrascht mich nicht, mit welcher Klarheit ich meine Fragen und Gedanken zurückbekomme, und ich wundere mich nicht über die vollkommene Ruhe und Sicherheit, die mir entgegenweht und durch die Blätter raschelt. Ich rede und rede, und mit den Wörtern, die ich ausspreche, verschwindet ein Stück Anspannung aus meinem Körper.
Ich erzähle Chantal, dass ich auf mein Herz vertraut habe, als ich an jenem Morgen aus einem Hotelzimmer in Nancy abfuhr. Dass ich wie besessen gereist, gerannt, geflüchtet bin in der Hoffnung, mein Leben zu strecken, in dem ich es vollpacke mit Begegnungen und Perspektiven. Mit neuen Erinnerungen.
Aber man kann das Leben nicht strecken. Und auch nicht berechnen. Das Leben ist wie die Mathematik. Beide verdammt unverständlich, wenn man ein bisschen über den Satz des Pythagoras hinausgelangt. Im Rückblick allerdings verdammt vorhersehbar. Ich erzähle Chantal, dass ich einen weiteren Knoten gelöst habe in der Formel, deren Ergebnis die Liebe ist und in der die x-Variable für Leben steht und die y-Variable für Tod.

Auch dem Ergebnis der Gedanken liegt eine mathematische Formel zugrunde. Mit der einen Erinnerung steigt die andere auf. Sie nehmen exponentiell zu, bis kein Raum mehr übrig ist und sie wie ein warmer Luftstrom immer weiter durchs Haus wehen. Das Leben bewegt sich geschäftig darum herum, geschäftiger denn je – denn je mehr die Abwesenheit des Toten das Zimmer füllt, desto mehr zeigt sich die Liebe.

In dieser Formel liegt der Kern unseres Daseins verborgen. Die Vergänglichkeit der Zeit entkleidet uns nach und nach, bis alle Hemden, Socken und Vorurteile am Boden liegen und nur noch der nackte Kern übrig bleibt. Vielleicht können wir zusammen mit den Toten in diesem Kern hängenbleiben, indem wir im Tod einen Freund finden, eine unsichtbare Hand, die uns vorwärtszieht und zusammenbringt, die uns lehrt, dass das Leben selbst der Kern ist, nicht unsere Ambitionen oder unser persönlicher Kampf.

In diesem Gespräch, an diesem Tisch sagt mir der Tod, dass ich meinen Wegweiser schon habe, dass *er* mein Wegweiser ist, nicht ein Feind, sondern ein Freund, mit Anleitungen und Antworten. Wie ein unsichtbarer Bundesgenosse, der mich lehrt, dass die Liebe das Einzige ist, was wir nicht unter Sand und Steinen begraben können. Dass er mich überall in der Welt aus einiger Entfernung im Auge behalten hat für den Fall, dass ich einfach nicht mehr weiß, worin sich das Sinnvolle verbirgt.

Das stimmt. In diesen Momenten schreibe ich. Über Chantal. Für Chantal. Eine Geschichte mit einem Anfang, einer Mitte und einem Ende. Eine Geschichte mit einer Hand-

lung, einem Spannungsbogen und vor allem einem *roten Faden*.
Im selben Gespräch wird mir gesagt, dass das Leben mit dem Tod aufhört, dass jedoch genau dort, an diesem Schnittpunkt, das Wunder beginnt. Das Wunder blauer Schmetterlinge, die einem überallhin folgen, auf Postern, Aufklebern, modischen T-Shirts und sogar einfach durch die Luft flatternd. Das Wunder, ein Gespräch zu führen in der gesichtslosen Luft, die allerdings Ohren, Augen und Lippen hat, um mitzuhören, mitzusehen und zu antworten.
Vielleicht erschrecke ich deshalb nicht davor. Vielleicht habe ich damit, dass ich das Gespräch angefangen habe, alle Grenzen meiner Gedanken losgelassen. Denn wenn mich die Schatten des Zusammenspiels der Blätter und der Sonne plötzlich an Chantals Silhouette erinnern, rede ich dennoch weiter, und das Früher verliert seine schmerzhafte Verbindung zur Zeit.

»Morgen bin ich wieder da« steht oben auf der ersten Seite des Manuskripts, das ich aufschlage. Das Blatt wölbt sich im Wind. Hinter der ersten Seite steht ein Name. Chantal. Eine Schicksalsgenossin. Eine Freundin. Eine Tote.

Ich fange an zu lesen und trete wieder ein in den Film, bei dem ich vor einem Jahr auf die Pause-Taste gedrückt habe. Jetzt läuft er weiter, und es ist, als hätte es die Pause nie gegeben. Wort für Wort, Seite für Seite. So viel habe ich ihr zu erzählen. Laut, als könnte Chantal mithören. Immerhin hat sie mir den Auftrag gegeben.

27. März 2007. Eigentlich nur ein Datum, und doch so viel mehr. An diesem Tag bin ich von zu Hause weggefahren. Die schmerzhaften Erinnerungen folgten zu schnell aufeinander, als dass ich sie hätte abschütteln können. Nicht einmal für einen Tag, eine Minute, einen Augenblick. Ich machte einen Umweg über Deutschland nach Spanien, aber bald zeigte sich, dass Spanien nicht groß und weit genug war. Die Kilometer spulten sich schnell ab, fast so schnell wie meine Gedanken. In meinem Kopf drängten sich die Worte, im Rückspiegel die Lkws, aber die Straße vor mir war leer. Und vor allem: frei.
240 638 zeigte der Kilometerzähler an. Nur die letzten 638 waren von mir. Ich fuhr aus Amsterdam weg, weg von allem, was mein Leben beherrschte und bestimmte, hin zu einem neuen, leeren Tag. Einem Tag, so dachte ich, der nur in Spanien auszufüllen war. Aber Einsamkeit kann man leider nicht ausfüllen, das weiß ich inzwischen. Es war vielmehr die Einsamkeit, die mich ausfüllte ....
....
....
.... *Stell dir vor. Stille. Nur das leise Rascheln der Blätter im Wind. Eine Blume, eine große weiße Rose, sonst nichts. Ein Schmetterling, hellblau, der zwischen Blume und Himmel, Himmel und Blume tanzt, und wieder erscheint es mir seltsam, dass ein Tag so lang sein kann und das Leben so kurz. Bye bye, my butterfly. Fly.*

Während ich rede, vergesse ich, dass Chantal das natürlich alles wissen muss mit ihrem Helikopterblick. Sie muss auch wissen, dass sie mir das Vertrauen gegeben hat, das nötig war, um es aufzuschreiben. Um alles aufzuschreiben. Trotz-

dem lese ich weiter, weil der Kontakt zwischen den Worten auf meinen Lippen und dem Rasen zu meinen Füßen mir guttut.
Während ich vergesse und in die Worte eingesaugt werde, die mich vom Papier anstarren, fällt eine warme Decke über mich und nimmt mich mit in eine dunkle Höhle, an einen Ort, an dem es kein Gestern gibt.

Dies ist nur ein Blatt Papier. Doch darauf findet sich der Abdruck meiner tanzenden, suchenden Finger. Die Finger suchen Trost, tanzen aber auch umher vor Glück in dem, was Leben heißt. Shakespeare hatte recht. Ich gehe nach Hause. Hallo, schöner Schmetterling, ich flattere zu dir hin.

Epilog

4. März 2008. Das ist nun wirklich der letzte Tag, an dem ich noch Hand an mein Buch legen kann. Es scheint normal zu sein, dass Autoren gegen Ende unsicher werden in Bezug auf das, was sie geschrieben haben. Kein Wunder: Ihre Gedanken werden verewigt, obwohl Gedanken so flüchtig sind wie das Leben selbst.

Dass ich nach meinem Debüt *Heute bin ich blond* ein weiteres Buch verfassen würde, war vor einem Jahr noch überhaupt nicht klar. Das Schreiben hat bei mir nicht in einem Mansardenzimmer oder einer Strandhütte begonnen, wo einem die Geschichten aus aufgestapelten Kartons entgegenkriechen oder vom Strand heranwehen. Es hat vielmehr in einer Leere begonnen, die ich zu füllen versuchte. Das gelang mit Stift und Papier, später mit einem Laptop und einem Schreibtisch. Mit dieser Leere ist es auch jetzt noch verbunden. Wie schon gesagt, fällt es mir immer noch schwer, weit vorauszublicken, mich gar an ein Studium zu binden. Aber irgendetwas muss man ja tun, um den Tag auf schöne Art auszufüllen. Das Leben ist für mich zu einem wundersamen Spiel geworden, in dem ich die schönen Dinge, die mir zugeworfen werden, mitnehme auf die Woge, die Leben heißt. So auch dieses Buch. Ich habe nicht allzu viel darüber nachgedacht, ob mir die Schriftstellerei gefällt. Das viele Alleinsein, das viele Denken, die Un-

sicherheit und vor allem: die Freiheit. Heute passt es mir einfach.
Ich musste mich erst daran gewöhnen, eine Geschichte zu schreiben, deren Anfang und Ende schon erdacht war. Das ist doch etwas anderes.
Und so ist dieses Buch, im Gegensatz zu *Heute bin ich blond,* eine Mischung aus Biografie und Fiktion geworden, geschrieben in einer Zeit, in der ich an allem um mich herum festhielt, einfach so, wie es war. Das war möglich, weil ich, die Autorin, die Figur meiner eigenen Welt war. Alle anderen Personen, die in dieser Welt vorkommen, haben mir damals den Raum gelassen, genauso ehrlich über sie zu schreiben wie über mich selbst. Dafür möchte ich ihnen allen noch einmal danken.
Als Chantal mich fragte, ob ich über sie weiterschreiben wolle, sagte ich sofort ja. Ich wollte alles tun, was ich noch für sie tun konnte. Dass sie mir damit auch ein Stück Struktur gab für die Zeit, der ich entgegenging, ist mir erst viel später klargeworden, als ich begann, mein Leben um mein Buch herum zu leben.
Es gibt mir Kraft, dass ich ihr schon Passagen aus dem, was schließlich zu *Morgen bin ich wieder da* wurde, vorlesen konnte, denn über eine Tote zu schreiben, ist nicht leicht. Sie selbst, ihre Schwester Kim und ihre Mutter haben mir das Vertrauen gegeben, diesen Teil ihrer Geschichte, diese Seite der Person, die sie war, niederzuschreiben. Die Veränderungen im Leben des Mädchens mit den neun Perücken waren mit meiner letzten Chemotherapie noch lange nicht zu Ende. Manche fingen an dem Punkt sogar erst an. Dieser Moment in meinem Leben, und im Leben allgemein,

hat mich so fasziniert, dass ich von einer Suche schreiben wollte.
Die Sophie in dem Buch ist eine fiktionalisierte Sophie. Eine Mischung aus wahren Gefühlen und Ereignissen auf dem freien Podium einer Schriftstellerin. Ich habe natürlich daran gedacht, den Namen zu verändern, aber das hätte nicht zu Chantal gepasst. Nun liegt Chantal bald in den Buchhandlungen, mit einem Aufkleber, auf dem fünfzehn Euro steht, vielleicht auch sechzehn fünfundneunzig. Der Aufkleber wird darüber entscheiden, wie man sich an sie erinnert.
Danke. Liebe. Chan. Ich. Vermisse. Dich. Manchmal. Kannst. Du. Nicht. Ab. Und. Zu. Zurückkommen. Ausrufezeichen. Nur. Kurz. Oder. Vielleicht. Für. Immer.

Danke

Jur, dass du auf deine Weise noch immer existierst und um mich herumschwebst am leeren Strand von Texel.

Meine Angst fortnimmst, wenn sie aufwallt. Strahlend,

in Rays lachenden Augen. Warm, in einer imaginären Umarmung. Du bist da, immer. Dennoch vermisse ich dich, immer.

Aber jemanden zu vermissen ist vielleicht
weniger schlimm, als niemanden zu vermissen.

Ich kann es kaum erwarten, dich eines Tages wiederzusehen.

Danke, Zus, für das Leuchten in deinen glänzenden Augen. Du bist ein so großes Geschenk. Danke, Mam, für deine tanzenden Haare, wenn du den Kopf zu mir herdrehst und mir dein zeitloses Lächeln schenkst. Ein kleines Geheimnis: Neulich habe ich mir roten Lippenstift gekauft, um ein bisschen so auszusehen wie du. Danke, Pap, für deine feuchten Augen, die mich immerzu an deine grenzenlose Liebe zu mir und meine grenzenlose Liebe zu dir erinnern. Danke, Oma, für die Oma, die du bist. Meine Liebe. Mein Vorbild.

Danke, Doktor L., dafür, dass die Termine immer weniger werden und das Vertrauen immer größer.

Danke, Jan, dafür, dass du einfach immer da bist, so beständig wie die Streifen auf deinem Anzug. Und dass du mich immer zum Lachen bringst, nicht nur in guten Momenten, sondern vor allem auch dann, wenn ich es brauche. Um nur eines zu nennen. Im Dschungel von Buenos Aires habe ich auch meinen Reservebankausweis verloren. Zusammen mit einem Friedhofsabonnement. Meinen Laptop in Rotwein ertränkt. Und vor allem für deine versteckten kleinen, aber so erwünschten Gesten an die Welt, in Pesos gewickelte Rosen etwa.

Danke, Rob, für deine treue Freundschaft und Liebe, die ich überallhin mitnehme, um eine verirrte Träne am Strand von Uruguay fortwischen zu können.

Danke, Annabel, für deine Freundschaft ohne Ende. Für deine dauerhaft blühende Orchidee. Für all unsere Kaffees, die zu einem Teil von mir geworden sind. Danke, Jaap, für deinen immer romantischen Blick auf das Leben. Danke, Inge, für deine stetige Inspiration. Danke, Lian, für alles, was du bist. Deinen entwaffnenden, offenen Blick. Deine Ideen. Deine Familie. Deine Witze. Deine Liebe. Alles. Danke, Walter, dafür, dass du immer in der Nähe bist und nach wie vor so viel mehr als ein Nachbar, aber zum Glück auch noch mein Nachbar bist. Danke, Fidessa, dafür, dass du so viele meiner Gedanken berührst. Und danke, Kees, dafür, dass du diese Gedanken entfachst. Danke, Ray und Blanca, dafür, wie schön ihr es macht, dass das Leben sich ständig verändert. Und für die seltsame Freundschaft, die wir gefunden haben. Danke, Job, für deinen Enthusiasmus, dein Talent und deine schöne Gesellschaft. Danke, Maud, für deine Schaftstiefel, deine lieben E-Mails und deine Geschichten, die mir geholfen haben, dieses Buch zu schreiben. Danke, Jannis, für deinen supergeilen Traumbaum. Danke, Debbie und Catherine, für eure Geschichten. Danke, Familie, für die Familie, die wir zusammen sind. Danke, Landrover, für deine Ausdauer mit dieser Frau am Steuer. Und vor allem danke, Chantal, dafür, dass du mit deinen flatternden Flügeln den Tod zu einem Wegweiser gemacht hast, der mir den Weg zum Leben gewiesen hat.

Sophie van der Stap

Heute bin ich blond

Das Mädchen mit den neun Perücken

Eine andere Frisur, ein anderer Mensch? Als man bei Sophie van der Stap mit einundzwanzig Jahren Krebs diagnostiziert, möchte sie sich am liebsten verwandeln. Und genau das tut sie schließlich auch …
Wie Sophie mit ihrer Krankheit fertig wird, ist einzigartig: Nie zuvor hat jemand den Kampf gegen den Krebs derart freimütig, aber auch mit so viel Lebendigkeit beschrieben. Besser kann man die eigene Verletzlichkeit nicht zeigen.

»Die Größe ihres Buchs liegt nicht in der Beschreibung
von Leid, sondern in Sophies Lebensmut. (...)
Mit ihrem Buch gelingt van der Stap eine große Kunst –
sie findet das Leichte im Schweren.«

Droemer